妻子的起訴書

控告婚姻

결혼 고발

四月天 著　簡郁璇 譯

推薦序

要打造人人安好的社會，我們必須控告婚姻

諶淑婷（作家）

在閱讀本書前，我正因為決定不和伴侶與孩子去婆家，自己一人留在家裡度過傳統新年，接受了媒體採訪，並因為報導刊出，在網路上受到許多批評。有網友罵「選擇了婚姻卻要逃避責任」、「自己年幼時也曾享受過快樂的年節聚會，當了媽媽卻不願意犧牲自己」，也人有說：「現在的婆家都超好，為什麼還要製造婆媳對立？」

我想回覆網友解釋些什麼，卻又刪了留言，心裡不服氣的想，憑什麼我為自己做選擇，還要說服這些不相干的人？另一方面，我也感到可悲，留言批評者竟多是女性！那是一種「我不好過，妳為什麼可以好過」的惡意氛圍。

以至於我在讀《控告婚姻》，覺得作者彷彿是身在韓國的我，我們對婚姻的一路反思竟是如此一致！明明結婚是相愛的兩人決定相守一生，卻因為姻親制度，變

成「兩個家庭的組成」，無論單身時的我多獨立自主，婚姻卻讓我踏入父權無所不在的世界。

在婚姻中，難以甩脫的被歧視感

我的婆家很好，這點也和作者一樣，公婆對我客客氣氣，我不需要負擔什麼家務，只要在廚房問：「需要幫什麼？」、「現在要做什麼？」但我還是漸漸在結婚這十年，減少了去訪次數，從新婚那年每月一次，現在我一年只去兩次，其他時間，我鼓勵伴侶自己帶著孩子回家「盡孝」，因為比起媳婦（外人），我知道所有的長輩都更想看到親生孩子與孫子。

所以我能體會作者所寫，明明伴侶算是神隊友、婆家也「幸運的」很好，自己卻還是因為媳婦角色而萬般不自在。我實在很厭倦，就算被說「不用忙」，還是要察言觀色，遞盤子、擺碗筷、收拾餐桌的自己，也很討厭當家族所有男性都在客廳看電視時，還「主動」去切水果的自己；收拾好廚房後，茶几上的水果盤已空空如也，卻沒有人起身拿到廚房。

我並非懶惰的人，生孩子後，我是「在家工作的全職媽媽」，孩子上學時，我拚命寫稿、交出企劃案、和好幾個窗口聯絡；孩子回家後，我整理家務、煮飯、幫孩子洗澡，教功課，直到孩子睡著，我才結束一天的工作。而回到我的原生家庭，我會馬上進廚房幫忙媽媽，吃飽飯後洗好碗筷。其實在公婆家的我更輕鬆，但我對「應該幫忙做事」的心態非常抗拒，也討厭自己刻意不幫忙時的不自在心情，所以我告訴伴侶，在這種性別不平等狀況改變前，我要盡可能縮減待在婆家的時間，或者以外食換取不分性別都能待在客廳的權利。

讀完這本書我才明白，那就是一種血淋淋的受歧視感，而且早從踏入婚姻那刻，就已經開始：請帖和餐廳指示牌無條件把新郎名字擺在前方；新娘要待在休息室不能招呼自己的親友；新娘要由父親牽入場，再交到另一名男性手中；婚禮司儀請男性長輩致詞而非女性；捧花交給好姐妹而非男性朋友，畢竟「女生都想結婚」。

最讓我生氣的是，我在結婚後就記住了公婆的生日，並主動提醒伴侶，但伴侶根本不知道我父母的生日，而我知道多數人會說「男人就是如此」。此外，當我決定連假留在家裡、第二個孩子從母姓、過年不去婆家，都不斷被問：「妳老公怎麼說？」彷彿我是一個擅自決斷的人，忽略了我和伴侶應該是合作與協商的關係。

看見女性在婚姻、家庭中的位置

本書從作者對婚姻的省思起步，一路觀察女性在家庭中的位置，在職場的角色、社會的價值，循序漸進幫助讀者檢視自身漫不在乎、或說服自己接受的種種「不自在」。例如公婆會要我幫伴侶補身體，或建議生兩個孩子比較剛好；我的爸媽會提醒過年要多在婆家留幾天盡孝道；懷孕的女性朋友被認為拖累同事；更別說韓國政府製作「可受孕女性地圖」，而我國國健署則呼籲女人在二十五至三十五歲間完成生育規畫，而兩國對於如何端出全面性的友善生育政策，絕口不提。

作者觀點犀利，批評要求遵循傳統的人，總是把「忍耐一下」掛在嘴邊，卻不思考為什麼總是要求受壓迫者忍耐。也批判「婆家新創企業」的現象，本來兒子沒有打電話問安的習慣，連假也不見得回家，但兒子一結婚，就要求媳婦常常問安，連假一定要返鄉參加家族聚餐。這些要求只是為了強化家父長權威，「廚房裡擠滿女人，孩子聚在一起玩，男人在客廳享用女人準備的佳餚美酒、談天說地」，這幅景象，不過是圓了家族男性長輩成為「一家之主」的美夢。

但絕大多數的公婆真的都不是壞人，更非罪大惡極，要說「公婆問題」（容我反對「婆媳問題」這個詞），應該從「老公是孝子」這點來討論，因為男人所謂的孝道，說穿了就是懶得為伴侶和自己爸媽起衝突，或不想耗費力氣去溝通而已。另一個恐怖真相是「把媳婦當成女兒看」，這裡的「女兒」絕非會頂嘴吵架的親生女兒，而是公婆「想像中的女兒」，溫順又笑臉迎人，樂於參與各種家族聚會。而這一切，全部源於性別不平等，因此上述種種狀況不會發生在女婿身上，婚姻中的父權文化一天不結束，我就會一再苦勸未婚的朋友，務必與婚姻保持距離。

沒受過壓迫，不代表父權不存在

這本書不叫「控告公婆」也不是「控告社會」，而是「控告婚姻」，因為女性在婚姻中遭遇的種種問題，其實根源於男性配偶對於「兩人所經營的家」沒有主人意識，不只是作者所說的男人缺乏家事勞動的意識，所以「不做也無妨、做了也做不好」；也不只是犧牲老婆去幫自己盡孝道。而是某些（很大一部分）的男性，不曾傾聽配偶的心聲，沒有想溝通、達成共識的想法，更不願改變行為，他們所謂的「共同組織家庭」，是盡量找到離開原生家庭後，自己還能舒舒服服的生活模式。

我明白有許多男性對這樣的指控憤懣不平，但男性要怪罪的不是指出這些社會現實的我們，要責備的應是讓他們無法卸除「父權壓迫」的其他男性；就如同不曾有過壓迫經驗的女性，也不能說父權不存在。女性在婚姻、家族、社會受到的壓迫從來就不是個人問題，如果妳的婚姻很友善，如果你自認是友善配偶的男性，那麼你們該做的，是看見女性的痛苦、主動碰撞父權制，支持更多女性可以理直氣壯表達自己的不舒服，抬頭挺胸選擇自己想要的生活方式，合力建立一個不分性別、不靠婚姻制度，人人都能自在安好的社會。

推薦序

身為人夫，這是我在婚姻裡該知道的事

黃星樺（Podcast讀書節目「衣櫥裡的讀者」主持人）

渴望擺脫父權，卻無所適從的婚姻樣貌

我和老婆結婚後，碰上的第一個難題，就是「回臺北時，到底該回誰家」。

我和老婆原生家庭都在臺北，但目前都在花蓮工作、生活。婚前，逢年過節回臺北時，都是各回各的家；但婚後情況變得有所不同。岳父開始主張老婆（也就是他女兒）應該要到婆家去侍奉公婆才是。我的父母雖不這麼主張，卻擔心如果說出「也可以回娘家住」這種話，會讓親家誤以為公婆不喜歡這個媳婦。

所以在婚後的一小段時間裡，我和老婆回臺北時，她都會先回到我從小成長的家中住幾天，再回娘家。

老婆很喜歡我的爸媽，但她身為媳婦住在婆家，難免會有些不知所措。比如我

媽不願意讓媳婦做家事，反而讓老婆擔心自己沒有盡到「媳婦的責任」。畢竟岳母從小就教育老婆：不會做家事，就不算是好媳婦。於是，老婆只好努力用其他方式盡到「媳婦的責任」，例如，讓婆婆知道她在花蓮把我照顧得無微不至（她也確實是這麼做的）。

但，究竟是誰規定身為媳婦，就要負責替婆家料理家事呢？又是誰規定，妻子就應該要把老公照顧得無微不至？

其實這些，都是父權體制分派給女性的角色。我們不一定要遵循父權制，但麻煩的是，脫離了這些角色，我們一時之間好像不知道如何表情達意了。在彼此真正深入認識對方這個「人」以前，我們似乎只能把自己的角色扮演好，才能順利和彼此溝通。

正因為經歷過這些，當我在閱讀這本書時，內心產生很大的共鳴。

女性主義也在回應男性的生命經驗

我一向自認是個女性主義者。從國中開始，我就喜歡閱讀女性主義的書籍。最開始的時候，只是好奇想知道「女生都在想什麼」，就像我喜歡看少女漫畫一樣。

但接連讀了好幾本女性主義的書之後，我慢慢發現，女性主義其實也在回應著男性的生命經驗。

透過女性主義的眼光，我發現男孩之間許多看似遊戲的行為，其實都有意無意在貶斥「同性戀」。例如你只要表現出不夠勇敢的樣子，或者講話、走路的方式「不夠man」，就很容易被說成是「娘娘腔」或「同性戀」。不消說，所謂「同性戀」，在當年那群男孩的語境裡，當然是負面的。

另一方面，男孩之間也有許多用來強化、確認彼此都是異性戀的行為。記得念國中時，班上的男生流傳一張「評分表」，表上列著所有女生的座號，每個拿到「評分表」的男生，都可以為女生的顏值打分數。到最後，我們就會得到一份全體公認的「漂亮女生排名表」。

這是男孩間的一種集體遊戲，也是一種集體訓練——訓練男生們成為一個慾望（主流審美觀中）漂亮女生的男人。

男孩們私下流傳的A片、A漫也是同樣性質的集體訓練。雖然A片和A漫是師長眼中的禁忌，但對男孩們來說，不看A片A漫、不和大家一起討論哪個女生胸部又大臉又正，才真正是禁忌。

對我來說，「禁忌」，唉，總是有著巨大的吸引力。所以從高中開始，我就嘗試反其道而行。我開始閱讀同志文學，上了大學後，甚至開始觀看同志A片。有一次，我大學時的女朋友發現我在瀏覽裸男圖像，還因此跟我吵了一架。

不過，在看了許多同志文學和裸男之後，我還是沒把自己變成一個同性戀。在我三十歲那年，我和那位大學時代就交往的女朋友結婚了（對，就是那位發現我在看裸男的女朋友）。

看見不曾留心的女性生命經驗

成為人夫之後，我當然期許自己能夠跳脫「男性觀點」的窠臼，嘗試體會女性的經驗。不過，即使我自認為已經很努力地去了解女性的生命經驗，在閱讀這本書的過程中，仍舊發現許多過去從未注意到的事。

比如作者提到，她在結婚前，曾以為找一位孝順父母的「孝子」當老公，會是一件很棒的事。婚前的她相信孝子既然懂得體貼父母，那應該也會是個「心地很美、善解人意的人」。直到婚後她才發現，所謂的「孝子」，往往就是為了避免與父母起衝突、避免溝通的麻煩，而寧願委屈老婆的人。

這讓我想起在結婚前，我曾半開玩笑地對老婆說：「平常我可以和妳一起分擔家務；但哪天媽媽來花蓮看我們的時候，就交給妳表現囉！」

我會這樣說，是因為我知道對我媽來說，把我照顧得無微不至的媳婦就是好媳婦。但夫妻互相分擔家務，本來就是天經地義的事情。如果媽媽因為我分擔了家務而感到不捨，那應該是我要想辦法和媽媽溝通才對。如果為了避免麻煩而要求老婆配合演出，是怎樣也說不通的。

書中還提到另一個令我深有共鳴的小故事。作者在和老公結婚一年半之後，有天她洗澡時忘了拿貼身衣物，於是請老公幫她拿過來，沒想到老公一拿就拿到她最不喜歡、最少穿的那件。她請老公再去拿一件，結果老公竟然神準地拿到她第二少穿的那件。但作者卻非常清楚老公偏好的貼身衣物有哪些，從來不會弄錯。

這種情況在我家裡也發生過很多次。每次我幫老婆拿衣物，總是拿錯；但反過來，她總是知道我要什麼。我原以為這是因為老婆敘述得不夠清楚，因此要求她以後要將需求講得足夠詳細才是。然而，讀了《控告婚姻》後我才發現，這恐怕是因為女性從小就被期待、被培養成為一個照顧者；而男性卻往往更被容許成為一個不懂得照顧人的人。

這真是令自認為女性主義者的我感到汗顏。不過這也顯示出，在父權制之下，男性和女性的生命經驗截然不同；互相了解對方的經驗，永遠都是必須的。因此，無論您是女性或男性，我相信在閱讀這本書的過程中，都會得到許多共鳴或啟發。

Contents
目錄

Chapter 3

控告藏在婚姻背後的父權制

Chapter 4

嚴正拒絕現今的婚姻樣貌

前言

為什麼訴說我的痛苦，卻需要說服他人？

我的人生過得算平安順遂，卻好像在那一帆風順的生活中出了一些毛病，某些長久以來不斷重複、累積，因此自然就被接受的許多事，對我來說卻一點都不理所當然。有一隻異常的怪物藏匿在我靜謐的日常之中，藏在水面下。我通常都任由這隻怪物待在那裡，露出平穩的笑容，聽到有人問我：「婚後感覺如何？」這類提問，甚至還能語帶真心地回答：「嗯，很好啊。」

說實在的，我也沒有碰上什麼太大的困難啦，畢竟我的婚姻生活與狗血電視劇相差甚遠，甚至接近相反。假如要把我這個已婚女性的故事改編成電視劇，製作人或投資商可能會說衝突戲劇性不夠而要求退貨吧。那麼，如果拍成一般人那種沒啥爆點的Vlog呢？但出現在我婚姻生活中的相關人等都具備該有的常識，也很講理，我們不曾對彼此大小聲，或聲嘶力竭地大哭，更遑論用言語羞辱對方了。

去餐廳吃飯，雖然我的公婆不會先在桌上擺好餐具，但如果太久都沒有人出手擺放筷子、湯匙，就會自然地把手伸向餐具桶。而我老公是所謂「居家型、配合度高的神隊友」，當然了，這不是我封的，是這個世界賦予的形容詞。要照我的說法，我會說老公「很盡力扮演夥伴的角色」，我就這樣很平凡地遇見了善解人意的普通婆家。

但如果真出了什麼毛病，會怎麼樣呢？假如狗血電視劇的情節發生在我身上，或是碰上任誰見了都會搖頭嘆氣的痛苦遭遇呢？倘若我的故事足以令某個心軟的人落下憐憫的淚水，還會握住我的手說：「辛苦妳了，一定很痛苦吧？」並拍拍我的背的話，我的故事會更有說服力嗎？

說什麼「說服」啊！訴說自己的痛苦時，還得說服別人嗎？我也明白自己算是運氣好的，但並不想因此而感嘆「好加在」。比起為「運氣好」而沾沾自喜，我反而對「把人生的和平交給命運」的現實感到絕望。為什麼女人的人生要根據遇到什麼樣的婆家而有所不同？為什麼我們得揣揣不安地祈求上天，希望我的公婆會是好人呢？

就算我運氣好，遇見了善良的丈夫和沒得挑剔的婆家，我依然會在平凡的生活中感到痛苦。許多看似稀鬆平常的小事不斷蠶食著我，一句話、一個眼神、一個無心的舉動都曾令我呼吸困難，我真的覺得要當個妻子、當個媳婦，好難。

1

Chapter

踏上婚姻這條路，難道非得跪著走？

為什麼要擔心自己不會削蘋果

為什麼偏偏是蘋果？假如有人認為家事還是由女人來做比較自然，那麼除了削蘋果，婚前的我要擔心的事大概會從數十件飆升到數百件。一直以來，我做過的家事就只有整理自己的房間，我煮的炸醬泡麵不是太乾就是太濕；學生時代和朋友聊到「妳喜歡做菜還是喜歡收拾？」的問題時，我一時答不上來，因為我從不曾碰過需要決定喜歡做菜或收拾善後的經驗（是啊，女生就是在進行各種這類模擬問題中長大的——把做菜當成自己未來要做的事）。

假如現在的我問過去的我，為什麼婚前要擔心自己不會削蘋果，當時的我大概會如此回答：「其實也是半開玩笑的啦。」這種話究竟是從哪冒出來，又會流向何處？在彼此不經思考就脫口而出的話中，又包含了多少真心？而我們對這樣的真心又有多敏銳呢？

蘋果的例子是在和姐妹淘聊天時說起的，那時我即將結婚，有位朋友則是以結婚為前提在和男友交往，不婚的概念在當時尚未普及。無論年紀多寡，我們都把結婚當成遲早必須完成的人生大事。

就在聊到籌備婚禮的話題時，我說：「不過，我到現在都還不會削蘋果。」我那些善良的姐妹淘則在一旁附和，有人說自己也不會、削蘋果好難喔，還有別的朋友說熟能生巧，要我別擔心。遺憾的是，當時沒有一個人說出：「就算不會削蘋果也沒關係啊。」

假如話題不是「削蘋果」而是「新娘課程」，我們會是什麼反應？假如討論的是把做菜、插花、泡茶的方法當成「新娘課程」的一環，詢問對此的想法呢？近年來甚至把居家裝潢、一般家具ＤＩＹ、認真儲蓄的方法或不動產投資等理財方式都當成「新娘課程」來學習，大家又作何感想呢？想必我們全都會搖手推辭，並說最近有誰會上「新娘課程」啊，為什麼只有女人要學那些，那男人要去上「新郎課程」嗎？

相較於新娘課程，削蘋果的任務是如此輕而易舉又稀鬆平常。雖然當我們聽到明顯帶有性別歧視的字眼時會果斷抗拒，但聽到「我不會削蘋果耶，怎麼辦？」時，要明確表達抗拒卻有些尷尬，相對的也比較容易附和它。當某句話披著個人煩惱的外皮現身，我們卻因為它太微不足道，而沒有去檢視它到底是真心話或開玩笑，就拋到了腦後。但這種話是很危險的，我們必須去質疑，是否曾有結婚在即的男人把不會削蘋果拿來開玩笑，以及，為什麼理所當然地把削蘋果當成女人的職責。

「削蘋果」的故事彰顯了歧視意識有多麼穩固，就連我的內心都輕易地允許它進駐。沒有明確表露的歧視，有時更強而有力，正因看不見，要消弭它就更不容易，而且它們多半包裹溫柔的糖衣。在我們的文化中受到正面評價的價值——溫柔、善良、體貼——主要都套用在誰身上？是在婆家端莊賢淑地削水果的媳婦，抑或是毫不理會水果什麼的玩意、在一旁納涼的媳婦？

我們真正該擔心的

削蘋果的擔憂看似無聊，讓我們不作他想就接受了它，但等到真的結婚後，我才發現這的確是件需要擔心的事。婚後的我真的面臨了需要削蘋果的狀況。大概我們真的就是聰明過人，才能預測出合理的未來吧，但就算能預料到，削蘋果任務卻令我驚慌失措。這天外飛來一筆的擔憂，難道是直覺精準地發揮作用，因此才鈴聲大作的警訊嗎？

貼心的婆婆從來不曾要求我做菜。每次抵達婆家，那天的食物早已準備就緒，我要做的大概只有把裝在鍋子裡的菜盛裝到盤子裡、端上餐桌再擺好碗筷。我一邊讚嘆著婆婆的料理手藝，一邊吃完被分到的食物，接著把盤子拿到流理臺，丟掉剩菜或裝進保鮮盒放入冰箱，擦拭餐桌，再察言觀色決定要不要洗碗。在這個過程中，我總不時需要問些什麼，開頭就像這樣：「媽，需要幫您什麼嗎？」然後等該做的事都做完了，我就再問上一句：「媽，我還要做什麼呢？」

如果在此時用疑問句向婆婆搭話，接下來就輪到陳述句上場了。飯後整理大致結束，端水果上桌的時間到了。當婆婆在清洗事先準備好的水果時，接下來我的臺詞也老早就已經決定。

「媽，我來削水果。」我的嘴巴就像事先輸入好般，冒出不像我會說的臺詞。我不能呆坐著等婆婆削水果，好歹我得做這件事的義務感狠狠地攫住我。儘管到目前為止，我在一小時內做的工作，已經比在我家一整天做的都多，卻莫名覺得自己什麼都沒做，尤其是當我只要把婆婆已經做好的菜端上桌，洗碗也是和老公一起洗，或在婆婆勸阻下不得已退場時更是如此。所以，在我幾次脫口說出「媽，我來削水果」後，水果盤就自動擺到我面前了，儘管貼心的婆婆總會溫柔地笑著說：

「水果就麻煩妳了。」

當洗淨的水果和刀子自動擺到我面前，我徹底忘了是自己主動說出「我來削水果」，有些不知所措。我為什麼現在要在這個家中，把這東西擺在自己面前呢？老公和公公都坐在客廳沙發上耶，他們現在也沒在做任何事，只是在看電視，為什麼我就得快步地走來走去，明明無事可做，卻要帶著忙碌彆扭的心情跟在婆婆屁股後頭。婆婆沒有離開廚房，所以我也絕對哪裡都不能去的這種心情是怎麼回事？看著眼前的水果盤，為什麼我一方面感到不自在，另一方面又為自己有事可做感到心安？我似乎被囚禁在龐大的不合理之中。

我們真正該擔心的，不是削蘋果時有多熟練，而是當蘋果放在我們面前時，該如何面對它。我必須思考如何阻止「我來削蘋果」這句話自動從我口中蹦出來，該如何理解這個情況，又該做出什麼舉動。我遇見了渴望一起共享日常的人，透過不斷的對話累積信賴，從那個人口中所聽到、看見的父母也很溫柔善良，但使婚姻生活陷入痛苦的，似乎並不是「選擇什麼樣的人」的問題。選擇好人、經營一段安全的婚姻卻仍感到痛苦的原因是什麼？往後這種不合理繼續若無其事地將我束縛住的情況還會碰到多少次？站在婆家的廚房，眼前擺著水果的我頓時感到茫然。

善良的男人

大四的春天，上學期即將開始的幾天前，我一個人去濟州旅行。當時剛好決定了未來想從事的工作，在濟州的我充滿了堅定的意志，決定以開學為起點，展開我在寒假下定決心要執行的計畫。新學期一開始，我就加入了校內社團。這是為了就業所跨出的第一步，在那個地方，我遇見了退伍後剛復學的老公。

老公比我小一屆，因為區分出生月份早晚的複雜系統，所以雖然我們年紀相同，但學校畢竟講究學號（究竟是姐弟戀還是同年的無聊鬥嘴，則在戀愛後期時出現），因此我們剛開始是以學姐、學弟相稱。在一般性別權力與年紀（學號）權力的交鋒下，我們的關係相當平衡。

他很瘦很高，總是笑容滿面，是那種就算靜靜待著，看起來也像在笑的人，和總是板著一張臉的我不同，他很有禮貌，為人親切，不會擺架子，也不會吹牛或發牢騷，看起來是開朗正直的人。雖然後來我才陸續看見他的各種樣貌，但總之和我所見到的他並未相差太多。他具備了彼此卸去外殼後、得以維持關係的必要終極核心，也就是傾聽，對他人的傷痛產生共鳴，懂得真心為他人著想的能力。若是非要和那些婚後性情大變、行為超級自私的男性相較，我確實是運氣很好。

戀愛時，我在對話溝通上使出了渾身解數。我在上一場戀愛時下定決心，不要因為過度防禦、悲觀的個性，導致自己和對方受傷，也不要太快放棄關係，並對我的心負起責任。所以我不斷向他提問，也不間斷地說了關於我的一切。我唯一相信的就只有對話。對他感到失望、生氣，或當他產生懷疑、很難理解我時，我都會問他在想什麼，有什麼樣的情緒，想要或喜歡什麼；對他感到抱歉、感激、需要理解和安慰時，我則會訴說自己。我就這樣和他走過了五年半。

因此我有信心自己懂他，也認識和他在一起時的自己。若要挑他的缺點，大概就是太過配合我吧。我本來以為「這也好、那也不錯」是我的特質，但在親密關係中的我反而喜惡分明。我覺得大部分都遵照我的意思的他很讓人自在，但偶爾也會覺得他優柔寡斷。儘管如此，比起堅持己見的專制君主，懂得傾聽的柔軟性格還是比較好。我也知道這樣的特質是源自於他的單純，他是個開朗的人，和認為即便要狠也要呈現原貌的我不同，是個喜歡電影有溫馨結局的人。

如今回首，其實從他戀愛時的態度就能找到一些蛛絲馬跡。當我穿短裙時，他會很可愛地嘟起嘴，說討厭其他男人盯著我看。我並沒有把這句話太放在心上，但這是因為我不太懂「男人盯著我看」意味著什麼，別人不過只是看我罷了，就算有些不快，其實也無所謂，畢竟我的個性與喜好比這重要多了。他們看著我的雙腿在想些什麼，是我在非常後來、從他們的鏡像接觸到他們的實際面貌後才明白。總之，無論地鐵上的男人帶著什麼令人作嘔的想法，任何人都不能干涉我穿什麼。我繼續穿著短裙去見他，向他解釋我的時尚哲學，而他只有偶爾才會念上幾句。

因為相愛，所以結婚？

他在我們交往半年後就向我求婚，而我正面臨大學的最後一個學期。雖然只有兩堂課，但為了求職，我每天都會去學校。儘管我得參加各種求職相關的聚會，也要上課，但最重要的是他在學校。我和他陷入熱戀，每天都見面，每天都想見到對方。因為交往時間短，無論是對方或關係都顯得完美無缺，我自認了解他的一切，也被我們完美的愛情迷得團團轉。

過去我希望能盡量晚婚，也一直在好友面前把「希望在三十五歲結婚」掛在嘴邊，對於十幾、二十歲的我們來說，三十五歲似乎是適婚年齡的最後防線。那是個電視劇《我叫金三順》的主角才三十歲就被當成老處女的時代，不太能想像三十五歲以後的人生，而且那個年紀的女性模樣在大眾媒體上並不常見，也很陌生。我所知道的女性人生的脈絡，就是從年輕女人，直接跨到媽媽的角色。

特地選三十五這個數字另有原因，是受到某位我敬仰的教授影響。教授說，因為三十五歲才結婚，所以沒人能干涉已經變成「大嬸」的她，連婆家也要敬她三分。而且男女雙方在當年都是晚婚，看到有人願意接納自己的子女為配偶，兩家人都心懷感激地歡迎。這樣聽來好像滿不錯的，雖然當時我並未意識到，不過我心中大概早就對隨婚姻而來的壓迫有底了吧，畢竟我試圖藉由在三十五歲結婚，抗拒可能因結婚帶來的一切干涉。

可是，求婚這件事真的很美好。那年我們二十四歲，是個自以為知道世界的一切道理，現在回首卻發現自己一無所知的年紀。對當時的我們來說，那次求婚很完美，他說四年後再結婚，甚至引用我喜歡的電視劇臺詞，以結婚為前提愛著我。我好開心、激動難抑，但並不是因為結婚實現的可能性，而是因為知道這是我們所玩的浪漫遊戲。那天晚上回到家，我寫了一封信給他，寫了「此時此刻」的我百分之百確定愛你。對我來說，感情是無法保證未來的東西，而且如果放任不管，感情就會消失不見，必須靠努力和意志來守護。因此，我沒有宣告「我會永遠愛你」，而是寫了「會努力和你永遠在一起」，也寫了「約定四年後的，是我們此時的愛情」。準確的意思是，「未來我們也許不會在一起，我在乎的是我們在此時此刻許下了誓言，而不是誓言本身」。

不期不待，就沒有傷害，這就是我。即便在他傾訴愛意的當下，我都採取防禦姿態，但他仍給了我一個溫暖的擁抱。他明白我的心，理解我，同時仍說他相信那天會到來，這為我帶來安慰。

雖然也有滿滿擔憂……

二十四歲的求婚，真實卻不切實際，我們把「我想和你結婚」這句話當成「我愛你」來使用。在結婚至上主義的文化中，我們只會想到結婚是戀愛的下個階段，事實上卻不知道婚姻為何物。我帶著「結婚是許多人會鼓吹，也是實際會做的行為，所以不會有什麼大礙」的模糊概念，認為結婚是自己會考慮的某件事，是遲早可能發生的未來，卻不是目前應該討論的話題。

即便如此，戀愛時我仍想像過婚後生活，主要不是在關係和諧時，而是在關係變差時，還有發現他有不好的習慣或很難改變的氣質時，小小的警示燈就會亮起。「現在都這樣了，婚後會變成什麼樣子？」憑著一點蛛絲馬跡就開始進行推理的偵探常駐在我內心一角，觀察著他。當他無法拒絕令自己反感的朋友的提議時；碰到雨天就會弄丟雨傘時；要向計程車司機說目的地的時機點，是在打開車門的同時，還是關上車門坐好後；與我意見分歧時，我總覺得他表現得太過天下太平，也懷疑他是不是沒有主見，老被別人牽著走，而且沒辦法事先排除發生壞事的可能性，對日常漫不經心，經常錯過重要細節。

在各種成立假說與驗證的過程中，我領悟到一件事：我對他感到不滿意的部分，與喜歡的部分有非常緊密的連結。它們幾乎是從同一個根部長出來的，也就是說，因為他很樂觀，才能時時鼓勵我、給我勇氣，也不會沒事就窮緊張，搞得自己精疲力竭，所以才能怡然自得地笑著；因為他很憨厚，才能配合總要刁鑽檢視、管理徹底的我。

還有，先不論天生氣質，自行決定要讓哪種態度變得發達也很重要，他比我更泰然自若、隨遇而安，也比較不會去想會發生什麼壞事，這點分明和男性權力脫不了關係。總之，他並不會強迫我要接受他的漫不經心，也不會怪罪我和他不同，相較於反駁我「何必這樣處處提防？」他會說：「只要妳想要，我會試著努力。」

他會傾聽我的想法。當我主張要先坐好、關上車門再向計程車司機說目的地時，儘管他一直以來都是在坐好之前，也就是打開車門的瞬間就說出目的地，至今也不曾發生過任何問題，但他仍聽我說，我為什麼想親口向計程車司機精準地傳達目的地，大部分中年男性計程車司機對待年輕女性乘客的態度又是如何，他都聽我說，也理解了。

他願意傾聽我的故事，尤其是傾聽我的痛苦，並且嘗試感同身受的意志，是我們婚後維持關係最強大的力量。

不知不覺就結婚了

結婚雖與戀愛銜接在一起，但絕不是戀愛的延長線。身為一個不愛聽到「戀愛與結婚不一樣」、「結婚是現實」等說法的人，並不怎麼樂意承認這在某種程度上確實是事實。這並不是說人在婚後就會性情大變。人是不會變的，但主要會看到那個人的哪一種面貌，則是會改變的。

在一起生活，與經過剪貼美化後、只看到那人最美好的樣子的戀愛截然不同，倘若戀愛是浪漫特別、是濃情蜜意，那麼結婚就是聽見鬧鈴時吃力地睜開眼睛、擦拭洗完澡後的浴室水氣、清洗吃完的碗盤、丟掉資源回收的垃圾，還有躺在床上看手機的平凡日常。

儘管能從戀愛時的樣貌推測婚姻生活的樣貌，但有很多事情很難推理。在並不明確了解婚姻是什麼的狀態下，要準確預測和他的婚後生活是不可能的。也就是說，我的確是在幾乎不知道他婚後會是什麼樣子的狀況下走入婚姻。

我不知道他不會把東西放回原位，而是會直接放在用完的位置；像我一樣都覺得要把牙刷從洗手間拿出來很麻煩；也不知道他會把一切可以塞進洗衣籃的東西都丟進去。雖然知道他不是會事先縝密規畫的類型，卻沒想到他會在見面前一刻才匆忙準備要孝敬父母的零用錢或蛋糕。

關於結婚，我唯一預想沒有出錯的，就只有想和他時時刻刻在一起。每次兩人要分開時，我總是很捨不得，想一直和他在一起，也希望不必約時間就能見到他，而當時我想到的方法就只有結婚。比起住在父母家中說要搬出去獨立，或鼓起勇氣要求和他同居，結婚容易多了。說要獨立和同居時，包括父母在內，好幾個人都表示反對和擔憂，還差點鬧家庭革命。結婚就不同了，全世界都會祝福我們，而且不是只有祝福，只要舉辦一天的婚禮，他們就會把我視為跨入另一個成長階段的人。

邁入三十歲大關前，我就像高中畢業後就該上大學般（事實上這件事並不理所當然，而且在同溫層外也並不把這視為理所當然，但我毫無所知），經過五年的愛情長跑，自然地接受了結婚這件事。

對我來說，結婚是個執行後會受到他人認可的課題，是我希望能懷著自信在待辦事項前的空格打勾的事。雖然我很想擺脫去完成每個人都要執行的任務的義務感，卻又無法輕易擺脫這種壓力。假如沒有積極地排拒社會期望的價值，那麼就可能會「不知不覺地」隨波逐流了。不知不覺，我們也邁向了籌備結婚的階段。我雖然稱不上勤勞，個性卻很急躁。即便我會用慢條斯理的態度看待遙遠的未來，但如果對眼前的事放著不管，就會變得很焦躁。我們分別見過一次對方的父母，和雙方父母一起見面，訂好婚禮場地，也找到了房子。為了能順利貸款，取得房子全稅的資金，我們在舉辦婚禮六個月前就先登記，而我也就這樣有了法律上的配偶。

我們盡可能地精簡婚禮。追求最精簡的項目、最精簡的預算、最精簡的時間和最精簡的體力是我們的原則。我們並沒有不把婚禮當一回事，但我們想把它辦得稀鬆平常。

當新娘入場

直到走進婚禮會場前，我依然對婚禮毫無期待，我只期望這個所有認識我父母的人都在場的活動能順利結束。我很擔心賓客會因為婚禮太冗長而感到無聊，拍照時間能不能快點結束，好讓想趕快去餐廳的賓客不會不自在，也擔心賓客去餐廳時會不會迷路，食物分量會不會不夠或不美味。儘管為了防止這種事發生，我都已經全部確認過了。挑選整場婚禮中最夢幻的新娘禮服時，我也採取類似的態度。我是以臉和手臂會不會太顯肉，個子會不會看起來很矮，依長輩的眼光會不會太華麗或太寒酸。我選擇的依據不是這件禮服能帶給我快樂或幸福，而是為了避免壞事發生。我的最終目標不是舉辦一場美好的婚禮，而是不會太糟的婚禮。這就是婚禮預算和體力必須精簡，以及我的防禦傾向所造成的結果。

而我根本是個對婚禮有超多地雷的人。我討厭請帖和餐廳指示牌都會無條件把新郎的名字擺在前面，這就好像無論在任何情況下，男人都優先於女人的約定俗成；我討厭新娘只能被困在令人窒息的休息室，既不能起身，也無法一個人去洗手間，只能坐在椅子上動彈不得。新娘也應該和父母、新郎一起並肩站著迎接賓客才對。

我討厭新郎穿的西裝只是比平時更帥氣正式一些，新娘卻要穿著華麗誇張、龐大蓬鬆的禮服，似乎反映了外貌對女人來說很重要、女人就該美麗的價值觀；我也討厭強調新娘純潔的純白色禮服（我當然很愛禮服，甚至愛到想要每天穿著它的程度）；我討厭在準備婚禮的過程中，相關人士用彷彿新娘擁有一切決定權般的態度對待新娘，也討厭大家表現得好像這場婚禮是新娘人生中最重要、也是最後一場慶典；看到婚禮祕書彷彿把新娘當成世界的中心般接待的樣子，我也會感到很彆扭。

我討厭新娘是由父親牽著入場，就好像是把新娘從人生中曾經最重要的男性手中，交給在往後人生中重要性逐漸提升的男性，更討厭這在某種程度上的確是事實。這無疑是身為社會支配的男性，有權將女性交付給其他男性的儀式，是意味著女性永遠從屬於男性的動作，更像是在強調婚禮是在父親首肯下完成，幸好最近也有些新人選擇新娘和新郎一起牽手入場。但我無法違抗這長久以來的習俗，違抗習俗會耗費許多力氣，尤其是碰到「父親的夢想」這種甜言蜜語的包裝時更是如此。

我說服自己，如果其中包含了安撫「父親的遺憾」的涵義，那就沒關係，儘管我只不過是缺乏意志，去執行我認為正確的價值罷了。

我討厭由男性擔任主持人和證婚人，好像唯有由男性來進行宣告，才能為婚禮賦予權威；我也討厭把花束丟給新娘的好姐妹，這就像是把「女性都想要結婚、必須趕快結婚」當成前提。我討厭進行彩禮[1]時，新郎的親戚為主要參與者，因為這具有女性隸屬於男性家族的象徵意義。

在我討厭的眾多項目中，眾望所歸的第一名就是證婚人——在婚禮上霸占最長時間的焦點。內容大致是這樣，證婚人會叮囑新娘成為賢慧的妻子，要求新郎成為有肩膀的丈夫。新娘宣誓往後會保持自己的體態外貌，好讓新郎時時感到心動，新郎則宣誓成為能讓新娘安心依靠的人；新娘的父親會叮囑女兒要好好扮演一個男人的妻子和一個家族的媳婦，新郎的父親則會感謝親家把漂亮的女兒養得這麼好，讓她嫁到自己家。一成不變的角色、一成不變的囑咐，大家覺得這些聽起來是什麼溫馨的好話嗎？覺得很自然嗎？

1 指婚禮結束後，新婚夫婦向公婆行大禮，這時新娘會呈上紅棗或栗子等象徵生子的物品。

關於我的婚禮，改變我此前壞印象的瞬間，是在婚禮會場跨出第一步的時候。當人場的大門開啟，兩側的賓客置身幽暗之中，連結起我和老公的數公尺筆直路徑散發著我喜愛的澄黃燈光。走進會場那一刻，我看見站在遠處笑得很燦爛的他。就像我們在約好的地點見面時那樣，一看見他，我就忍不住漾開笑容，耳朵也聽不見任何聲音。我只要朝著對我露出笑容的他走去就行了，而我也知道，這一步會把我帶到，我們能一起度過一天的開始與結束的地方。

婚禮意味著是我走向他，我們會長相廝守。儘管無法光靠幾分鐘的喜悅就贊同婚禮的各種不合理現象，但至少比什麼都沒有來得強。看到大家特地花時間來到會場很讓人感激，看著他們的笑臉，收到大家的祝福，同時與心愛的人之間的關係受到正式的認可，這件事比想像得更令人開心。這確實是一場足以在我人生中寫下一筆的活動，也因此當時我確信，只要心中有結婚的意願，這是任何人都應該擁有的機會。

2

Chapter

媳婦見公婆，永遠不會越看越有趣？

交給新娘的保單，與婆婆的食譜

儀式具有力量，對於重視這件事的人來說尤其如此。公婆認為，比起我們登記成為彼此法律上的配偶，或是找兩人一起生活的房子、遷入戶籍，在眾人面前舉辦婚禮才是真正婚姻的開始。婚禮結束後，他們向我交代了一些事，或許是表示從今以後把我當成家人的意思吧，但很遺憾的是，我並不怎麼樂意成為老公家中的新成員——一言以蔽之，就是媳婦。

蜜月旅行回來後，第一次去拜訪婆家時，公公拿出準備好的檔案，收件人是我。我以公司菜鳥等著交接工作的姿態很認真地聽，畢竟這是公公在我和老公成為夫妻後就向我傳達的事項，我認為應該是很重要的事。結果，裡面裝的是老公的保單和寫有公婆生日的紙條。這是我從沒想過的任務。當公公很親切地向我說明各種事項時，我感到暈頭轉向，這些檔案，明確地指出了我要扮演的角色——**準備婆家的活動，以及負責老公各種生活大小事**。

公公要傳達的事項結束後，接下來輪到婆婆。那是在大家解散，各自回房間或去洗手間時。這大概是韓國家庭的共同模式吧。父親說話時，就是全家人必須聚在客廳坐著傾聽的正式場合，而母親說話時，就成了可以用比較輕鬆狀態聆聽的非正式場合。在女人說的話和男人說的話享有同等權威的那天到來前，我會有意識地更專注傾聽女人說話。因為如果把它視為「理所當然」，哪一天我可能也會不自覺地認為公公的意見比婆婆重要，所以，我帶著更熱切的態度集中在婆婆身上。

過去婆婆要負責照顧丈夫大部分的生活起居，要向我傳達的事情應該很多，但婆婆很細心體貼，為了避免媳婦感到痛苦，只囑咐了自己最擔心的一件事，就是傳授能幫老公緩解常見健康問題的民間療法。婆婆開始解釋利用高麗菜製作某樣東西的方法，我也很留心地聽著。可能是因為初次拜訪婆家太過緊張，我只顧著專注聽婆婆說話，卻沒想到應該聽這個食譜的人不是我，而是老公才對。最後，我一邊喊著：「媽，請等一下！」一邊打開手機備忘錄。我的天啊，我把食譜詳細地記下來了，包括該怎麼切高麗菜，還有要煮幾分鐘等……

這是我的「小媳婦[2]」時期。我希望和婆家相處融洽，也希望他們能喜歡我。就像過去和年長者建立的眾多關係，我想當個模範生，那就必須當個善解人意的好媳婦。如果我想追求的不只是不起衝突，而是得到公婆的愛，就非得那樣做不可。可惜的是，以公婆與媳婦的關係相遇，但不必扮演媳婦的角色就能和諧共處的方法並不存在。那是我還不太懂公婆對我抱持何種期待和要求的時候，我只想讓公婆開心，得到公婆的愛。

同時，我希望自己能在公婆面前露出真心的笑容，希望需要費心的事變得自然，至少見面時不要變成一種煎熬。因此，我避免過度逼自己去扮演所謂「媳婦」的角色，也很努力避免被不時向我襲來的孝道或大道理束縛。我心想，我會試著努力理解公婆，喜歡他們，但假如真的不行也沒辦法。如果讓公婆開心或不惹他們生氣對我來說太吃力，那麼這段關係既不真誠，也無法延續。我不斷自我調節，避免彈性疲乏。

但公婆的期待與要求總是超出我預想的水準，就算偶爾覺得自己承受得住，但實際去做之後，才發現往往超出了我的能力範圍。時間越久，我開始苦惱的不是「我該怎麼做才得到公婆的愛」，而是「我該怎麼做才能愛公婆」。

就像婆婆傳授民間療法那天，假如我一直停留在「小媳婦」的狀態，現在我和公婆的關係會如何？公婆會比現在更喜歡我嗎？公婆喜歡我的感覺是怎樣？現在的我，對公婆懷著什麼情緒？老公一定會輕鬆許多吧？我的犧牲也會逐漸變得理所當然吧？要是當初我咬牙撐下去，又能撐多久？幸好，我的「小媳婦」時期並沒有維持太久。

2 網漫《小媳婦》（며느라기）中，修申智作家把成為媳婦後必定會經歷的生活——希望能受婆家疼愛、稱讚的時期稱為「小媳婦」時期，就像青春期或更年期一樣。通常這段時期只要過了一兩年就會結束，但每個人的狀態不同，有可能會超過十年之久，或遲遲沒有結束，主要會說出「我來做」、「請交給我」、「全都由我來！」等臺詞。

是媳婦要你這樣說的嗎？

一旦把媳婦的框架套在某個人身上，就算我們不曾把她當成媳婦看待，也會覺得自己好像很懂，並且立刻決定好要用什麼方式解讀這個人。站在婆家的立場就更不用說了，「媳婦」這個框架會變得更加鞏固。

那是在婚後沒多久，當時的我像往常一樣，仔細聽著老公和公公講電話。就算沒人要求，我也會很自然冒出這種反應，這也是符合「媳婦」框架的行為之一。因為比起事不關己地做自己的事，留心聽公婆說什麼的媳婦形象顯得更自然。儘管現在即便老公的話筒中傳出公婆的聲音，我也會盡量不去聽，但還是免不了在意。我無法確定很努力避免仍克制不了的在意，究竟是因為我是媳婦，還是基於我什麼小事都會在意的個性。我也對就算距離再近，老公也絲毫不會好奇我和我父母的通話內容感到神奇。然而，我很確定老公能如此泰然自若，是因為他是男人、是女婿。

我躺在床上聽老公在客廳講電話，老公似乎和公公的意見有了分歧。老公打這通電話，是為了把原本說好今天要一起吃飯的時間稍微往後挪。老公好像越講越大聲了，結果一句帶著不滿的大吼傳了過來：「是○○要你這樣講的嗎？」我馬上就聽出那是什麼意思，就算沒有親耳聽到，也像親耳聽到般清晰。我躺在床上望著天花板想：「究竟為什麼，我在婆家會變成這種角色？」

讓公婆不高興的意見，都很容易懷疑到媳婦頭上，這根本毫無根據，但就算再怎麼否認，他們仍會瞪著空氣中的媳婦，相信兒子不可能做出這種決定。「媳婦不喜歡我們，兒子現在會講這些莫名其妙的話，都要怪躲在他背後的媳婦，被指使的兒子沒有錯」，公婆似乎並不在乎把自己的兒子當成了傀儡，在他們眼中，媳婦這個存在彷彿擁有能操縱人心的驚人能力。

「媳婦要你這樣說的嗎？」這種話聽久了，我似乎也被這種刻板印象綑綁，忍不住開始觀察公婆的臉色，而且最重要的是，「喜歡公婆」這件事會變得比登天還難。我必須好好處理這個偏見，可是，這種偏見該如何消除？有可能做到嗎？

當然了，例外可能會日積月累，最後打破偏見。在經歷無止境的忍耐與犧牲的苦難歲月，搞不好我有機會迎來對媳婦的刻板印象消失的奇蹟。姑且不論有沒有可能發生，我都沒有犧牲奉獻的自信，也一點都不想。所以決定，無論成不成功，都必須嘗試打破刻板印象。

當然，如果有那麼容易，就不會被叫作刻板印象了。結婚初期的我幹勁十足，想好好經營全新的關係，也希望能朝我想要的方向打造。我以為只要表達我的想法，對方就會理解我，我相信就像多數關係一樣，能找到雙方都滿意的方式。

吃完飯後，全家一起走進咖啡廳時，我對公公說，聽到老公通電話時傳出「媳婦要你這樣說的嗎？」時有些吃驚，並說我們會一起討論，協調好才告訴父母，所以無論是什麼決定，希望他們能看作是我們共同的決定。我的態度恭順卻坦率，公婆一言不發地聽完，點了點頭。我自然地認為我的真心奏效了，雖然我也希望公婆能說點什麼，但從他們臉上讀到的表情不算太糟。果然坦誠以對才是最佳的回應方式，既然已經傳達了自己的意思，也得到首肯，想必我就再也不會聽到那種話了。我認為，就算無法改變他們的想法，至少他們的行為也會有所改變。

難道是我至今都只活在依照自己的想法運轉的世界嗎？默默點頭的動作與我接收的意思不太一樣。當時公婆在想什麼呢？與其說是認為我很坦率或恭順，似乎更接近「唐突」。說不定自從那次之後，他們就開始形容我是個「精明的媳婦」了呢。

婆媳間會變尷尬喔

才不過幾週，我就確定公婆並沒有把我的話聽進去。那是我們和公婆一起搭車時，在一個非常平常、輕鬆的氣氛下，老公說了一些話後，公公帶著些許笑意對他說：「兒子，你老是這樣，婆媳關係會變尷尬喔。」儘管要逐一解讀公公的言下之意，以及其中層層堆疊的思考過程需要一點時間，但聽到那句話的瞬間，我的身體再次凍結。

「婆媳間會變尷尬」不可能是指我和婆婆都感受到同等的尷尬，更接近婆婆對媳婦不滿意，導致關係變疏遠。所以公公說的「婆媳間會變尷尬」是一種欺瞞的說法，在明知（包含）婆婆（在內的婆家）與媳婦之間的權力差異，「如果不想把關係搞得尷尬」的真正意思是，「如果不想被討厭，就自己好好表現」。

這是一個警告。如果我老公經常「用那一套」——也就是袒護我——公婆會討厭的人不是兒子，而是媳婦。公婆斷定他們和我處於恰好利害關係的兩端。他們確實持續提出令我感到不舒服的要求，並且知道自己的要求會讓我不自在，但他們更在意的，是自己的要求有被注意到。公公認為婆家與媳婦的關係是一場鬥爭，尤其如果兒子與媳婦站在同一陣線，就特別容易讓婆婆不高興。公公是在打著婆婆的旗號來表達自己的意思。

這句話乍聽是對老公說，卻是衝著我來。上次說的「媳婦要你這樣說的嗎？」是想確認是不是我在操縱老公，但這次他連這都不管了。雖然不知道是我在操縱老公，還是老公自發性地袒護我，但如果不想讓婆媳關係變尷尬，老公就不該袒護我，應該順著公婆的意。雖然公公說這話時臉上掛著笑容，聽的人卻完全笑不出來。那是假裝成玩笑的威脅，也是嘗試控制我的舉動，是把「會討厭媳婦喔」的刀刃藏在「婆媳關係變尷尬」的華麗包裝之中，試圖改變我的行為，迎合婆家的脾胃。

雖然剛開始我希望能夠扭轉公婆的想法，現在卻逐漸產生懷疑。無論我說的再正確，在公婆的價值觀中，我說的話似乎仍不是正確的。我還能忍受多久？就算再聽到類似的話時可以忍，但只要想到可能又會聽到類似的話，就讓得去見他們的我提心吊膽。

越了解公婆，就越肯定我的溝通方式跟他們不合。信奉誠實主義的我，雖然想親自把我的所有感想都向他們坦誠，他們卻對此感到不自在，也不喜歡用這種方式和自己的兒子對話。他們認為，直言不諱地把自己不開心的地方說出來，是對他們的一種挑戰、指責與攻擊。連兒子都這樣了，更何況是媳婦，這個應當比兒子更服從、順他們意的人居然這樣直截了當，這是以下犯上，無法接受。他們不會認為，這只是我單純在表達想法，而是我在無視他們，我們就像永遠平行的兩條線。

我認為自己能做的，就是明確表達我不想受到的待遇，至少可以不用聽到令我不自在的話。就算無法改變公婆的想法，但我希望他們知道我會對什麼話感到不自在，對此多加留心，但就連這點也無法如我所願。就算他們會在某些行為上小心，也不是所有行為都能如此，而「媳婦要你這樣說的嗎？」也不過是換成了「兒子，你老是這樣，婆媳關係會變尷尬喔」罷了。他們會出現的言行舉止多到數不清，我不可能逐一指責或事先準備好要怎麼應對。想躲開突然從天而降的強力一擊，根本是天方夜譚。

除了保持距離，我想不到更好的辦法。當我進一步了解他們對待我這個媳婦的態度後就更是如此了。他們很想保持禮儀，最後卻變得無禮，想體貼媳婦卻又不到位。我好想摘下矇住他們雙眼的媳婦鏡片，好想大叫：拜託你們看看我這個「人」。

一下恨媳婦，一下又愛媳婦

和公婆見面時，第一句總是在問候我們的身體狀況，像是「好像變瘦了」、「是不是哪裡不舒服？」、「氣色好像比上次好」之類的。公婆會提到什麼，確實感覺有點像是隨機的。可是，就算我和老公的健康狀態沒什麼太大變化，也會覺得這些話聽起來像是帶有正面或負面涵義。

有一天用餐時也不例外。婆婆說上個月見到我時，覺得我的氣色很差，公公很擔心我。我心想，我連自己氣色差都不知道，沒想到差到連公婆都擔心我了。婆婆又說，幸好今天看到我的氣色好多了。儘管如此我卻無法對婆婆心懷感謝，內心仍無可避免地留有一點疙瘩。我無法全盤推翻婆家關心我健康的心意，可是聽到他們擔心我時，腦中就會浮現一個記憶。

在一次我沒有出席的聚會中，婆婆對老公說的話對我造成相當大的衝擊。雖然我不知道老公的氣色到底看起來好不好，婆婆卻說了這樣的話——

「看兒子的氣色好不好，就會一下恨媳婦，一下又愛媳婦。」

我也不是不知道，對公婆而言，媳婦永遠是從屬於兒子的人，是唯有對自家兒子有好處才有價值的存在，而那時我的感覺就像是親自確認了這個事實。既然這句話點出了「媳婦」的核心價值，在某些層面來說也為我帶來了警惕。婆婆把兒子的氣色、胖還是瘦、身心狀態，全視為媳婦的責任。難道看待我這個人的角度，非得建立在這麼卑微的基礎上嗎？

婆家的那句「擔心我兒子把妳帶來我家，會讓妳吃苦」，也具有相同脈絡，老公把我帶入婆家的概念本身就已經很羞辱人了，就算這句話是為我好，也開心不起來。每次聽到以「妳嫁入我們家」開頭的話，我就確定自己在公婆眼中只是老公的一個零件，是很珍貴又必須小心翼翼對待的零件。「聽說最近連零件也必須當成機器來呵護，我反倒還得看零件的臉色呢。」零件絕對不可能變得比機器本體更重要，而是必須扮演為了更重要的東西存在的角色。要是有人問我，為什麼要在這種小事上鑽牛角尖，那我會說：「既然是小事，那要改變不是也很容易嗎？」敏感將會改變遲鈍且暴力的世界，我想把我的敏感打磨得更精細敏銳。

使喚媳婦的權利

公婆認為只要他們開口，我就會照他們的話做。公公主要使用命令句，婆婆則是用請求句或疑問句，但無論哪一種，我終究都沒有選擇權。要想拒絕公婆的要求，我就必須有非常合理的理由，光靠拒絕一般人的合理程度是不夠的。還有，無論理由是什麼，聽起來又有多合理，對媳婦而言，要說出不按照婆家要求去做的這句話，本身就非常困難。媳婦的角色早已定型，她只能執行婆家的要求，所以「決定做出反抗婆家的行為」的過程，對我和老公來說並不容易。

也許對公婆來說，保有對子女和媳婦的權力意識天經地義。搞不好「獨立個體」的概念，對於以關係、位階與角色生活一輩子的他們來說並不存在。就好像為了扮演父母的角色，他們很習慣把個人需求放在後頭。可是，即便公婆至今都把必須扮演的角色放在首位，並不代表對我要求相同的事就順理成章。你們無法把自己扮演的角色當成盾牌，來為侵犯我的決定權的行為辯解。

在我們嘗試協商前，婆家對我提出許多要求。他們希望每個週末都要見面，一週打一次電話問候；當公婆來我們家附近時，也希望能見到我；就算老公不在，也希望我可以隻身參加公婆的朋友聚會；想在登山前到我們家喝杯咖啡，一起在外頭用餐後，不要去咖啡廳，而是到我們家喝杯茶。

公婆說好要來我們家那天，不管我幾點才能下班，都希望我能提前回家等候。公婆認為我是個他們一聲令下就必須出現的人，隨時都可以叫出來，無論他們的兒子在做什麼，我都必須接待他們，也是唯有公婆大人有大量，才會被允許拒絕他們要求的人。他們認為自己具有可以呼喚媳婦來去的權力，無論我有沒有意願，都具有干涉、要求我的資格，也因為他們對媳婦的身體抱有權力意識，甚至可能會對剪短髮的我說：「長髮比較漂亮，妳以後不要剪頭髮了。」

公婆表現得就好像自己理當擁有對我提出要求的權力，只要是和婆家有關的事，他們就會擅自決定我應該在何時何地出現，進出我的個人空間，而且認為我就應該把婆家的事當成第一優先，時時刻刻都預留時間給婆家。

結婚的同時，我覺得自己對身體的選擇權和決定權好像被搶走了。在婆家的我被「媳婦」所囚禁，角色被侷限為迎接公婆、成為賢內助和生孩子，而且只能是為婆家奉獻的人。「女人只要結婚就變成別人家所有物的父權意識」變成我的日常，而女人無法自成一個完整的人，只能從屬於老公與婆家，這樣的視角是如此根深蒂固。

這樣的事不單發生在我身上。有些婆家認為，既然妳成為有夫之婦，穿著打扮就該更端莊；也有婆家向要去國外出差的媳婦說，妳才剛結婚，就別去出差了，在家替老公準備飯菜。要是媳婦沒有盡到媳婦、妻子的本分，就哪都不能去。關於女性身體的權利，似乎是屬於「擁有」她的男人、男人的家人乃至社會，而不是她本人。

就連要不要生孩子、要和誰、在何時生的基本權利也遭到侵害。製作「可受孕女性地圖[3]」來試圖提高出生率的國家就別提了，會跟妳說：「年紀大了，得趕快懷孕」、「為了懷孕，要立刻或延後治療子宮疾病」的婆家就是這樣，甚至電視上還會公然出現公婆以「胎兒的智力會變低」這種不科學的理由，執意要基於健康原因必須剖腹產的媳婦自然產。自行決定會威脅媳婦生命的生產方式，彷彿成了可以被討論的領域。

在父權制社會，大家很理所當然地討論關於女性身體的權利屬於女性本身或其他人時，擺出一副每個人都會對每件事有不同想法，必須尊重其中差異那樣，好像他們有很合理的根據，就連公婆在詢問媳婦時，都不是在詢問，而是在要求。

公公的生日即將到來，我們接到通知，「必須」和公公的所有朋友一起用餐的那天，我雖然委婉地拒絕，內心卻徹底爆發。「你究竟是覺得你在我人生中占了多重要的地位，才會從頭到尾都用權威式的命令句，而不是用提議、邀請或拜託的語氣啊？憑什麼這樣理所當然地侵犯我的決定權，還認為自己有擺布我的權力！」

決定我要以何種模樣、在何時、何地出現的，就只能是我自己。這是我的身體，我的意志，我的判斷。我擁有權力，決定自己的權利，自由的權利。若是少了這樣的權力，也就失去了認定我是獨立個人的依據。

---

3 韓國行政安全部在二〇一六年，於網路公布標示「可受孕女性人數」的「生育地圖」，除了可一眼看出各區域的懷孕及生育統計資料，更針對自治團體的生育獎勵政策進行比較，企圖引發各區人口的自主競爭。因涉及把低生育率問題推給特定性別的歧視，引發大眾強烈反彈。

為何放著兒子家不去，偏要去咖啡廳？

通常婚後，子女才會被視為完全脫離父母獨立，不過既然是完全獨立，為什麼婚後反而完全無法保障獨立的空間？有些父母甚至會藉由能任意出入子女的家，以確認自己對子女的影響力。

公婆明知媳婦很難在看到他們跑到自己家時笑容滿面，卻還是執意跑來，我想來想去，都覺得他們是想要確認自己的權力，確認自己能支配媳婦的欲望，要比對兒子更加強烈。他們彷彿不記得兒子過去曾經大吼：「不是說不要整理我的房間嗎？任何人都不要進我的房間！」只要突然想去兒子家卻不得其門而入時，就一概把媳婦當成指責的箭靶。

把記憶從腦中抹去這點，兒子也差不多。讓父母隨時進入自己不在的個人空間，似乎成了做子女的道理，他就像這輩子從來不曾對父母說過一聲「不」的孩子般，露出一臉難堪的純真表情。

「要是公婆要你告訴他們大門的密碼，該怎麼說才好？」

「他們在我們不在家時拿小菜過來，怎麼辦？」

這是經常從已婚者口中聽到的提問，而提問者主要都是女性。因為在關係中意識到問題，嘗試去解決、苦惱，還有實際想改善的，大都是弱者的責任。

關於吐露大門密碼的問題，令眾多媳婦傷透腦筋。除了不想讓公婆看到平時未經整理的家，也無法保障拿小菜過來的公婆就只會來這麼一次，再加上公婆來家裡，也不能每次都不在家。和公婆討論來訪的時間與跟朋友相約不同，要說明我的苦衷並拒絕他們並不簡單，但要他們把東西交給警衛室或放在玄關門前也讓人不放心。

我知道這樣自己肯定會變成冷漠、沒教養的媳婦，但假如老公在一旁老神在在地說：「他們只是來放個東西就走，何必介意呢？我會叫他們以後不要過來，現在人都到這裡了，不然怎麼辦？總不能叫他們走。」光是能不發飆或不帶煩躁和老公繼續對話，我簡直就已經修煉成佛了。

倘若傳統的親子關係充滿了無禮，就沒必要再遵循這樣的傳統。碰到遵循傳統，有人會感到痛苦，可是不遵循又有人會感到惋惜時——要求忍受痛苦，與要求忍耐惋惜，哪一邊比較暴力？

假如有人說，妳就放輕鬆嘛，別把壓迫當成痛苦。我倒想問，為什麼「你就往好處想」這句話總是對弱者說？

回到家後，發現廚房的吊櫃安裝了烘碗機，正是不久前公婆提起的那個。公婆說，不要把烘碗機放在流理臺上，像婆家的廚房一樣安裝在吊櫃更方便。剛開始我覺得這樣應該不賴，但想來想去，還是覺得看起來一點都不漂亮。現在使用的白色烘乾機尺寸迷你，雖然會占用比較多空間，但我還是很滿意。我已經說過好幾次沒關係，現在的就夠用了，但婆家持續進行推薦轟炸，後來我甚至直說，考慮到裝潢風格，保持現狀比較好。他們表示知道了，我以為他們接受了我的意見。直到某一天，我突然看到裝在我們家廚房的新烘碗機，而且還已經用釘子牢牢釘住。

我很吃驚地站在原地，聽到公公說：「如果不喜歡就直說，我們會拆走。」公婆的親切總是搞錯重點。

那時公婆經常為了水電或整理線路拜訪我們家，因為公公是這個領域的業餘好手，但在提供協助之餘，難道非得緊接著進行干涉嗎？公公趁著來幫我們安裝百葉窗時，順便裝了烘碗機，難道我也該把重點放在公婆的貼心，並表示感激嗎？我根本不想要，也明確表示我不想要，他們卻不把我的意見當一回事。這是「我們家」，我卻必須把公婆的判斷看得比我的更重要嗎？

聽到公公說，為什麼放著兒子的家不去，卻要去咖啡廳時，我就覺得婆家好像持有這個家的一定股份。我雖然不曾把我們家的股份給他們，但也許從一開始我在他們眼中，就不是管理股份的人吧。

有些人說，如果接受了父母在金錢上的支援，就無法避免受到不想要的干涉，但以我的情況，大部分是銀行貸款，還有一部分是靠我父母的幫忙才有了這間全稅房子，但這間房子的干涉只來自婆家，不是我父母。

經濟上的支援，與對家的權利意識沒有任何關聯。經濟支援是指結婚時會有必須由男方準備房子的刻板印象，而多半父母會替兒子而不是女兒買房，這在許多情況下看似合理，實際上只是說起來很好聽的藉口罷了。

當公婆說要拿東西來我們家卻剛好沒人在時，也很難要他們把東西放在玄關旁的鍋爐室。他們不會覺得我們是不想以原形畢露的樣貌接待公婆，而會認為我們在拒絕他們的存在本身。他們並不接受這件事與對他們的愛或善意無關，同時認為知道我們家的密碼代表他們受到尊重。婆家經常會表現得好像擁有我們家的相關所有權，並認為關於我們家的一切，他們與我們具有相同的權利。

請別開我家的冰箱

每次約好公婆要來我們家的日子，我就彷彿回到小時候學校要進行教室環境美化的那天。無論是教育廳或哪個長官要來學校審查，我們就得幫地板打蠟，用抹布擦拭木地板、窗框的灰塵，直到白色的抹布變得烏漆抹黑，然後在教室後方公布欄掛上精選作文和畫作。無論我們平時過得如何，都得為了做給別人看而努力打掃、布置，心情也變得緊張不安，生怕因為被抓到一點瑕疵而被扣分。

在和公婆說好，非特別的日子不要來我們家前，他們連續好幾個月經常跑來家裡，理由五花八門：剛好在附近，要拿東西給我們；已經說好要碰面的日子卻又突然要拿買來的水果；要替我們家安裝什麼……總是有當下看似無法避免，實際上卻沒那麼必要的理由。

每一次，我都有種家中每個角落被放大檢視的心情，所以總是在公婆抵達前再用吸塵器清一次地板，僅僅為了避免在短短幾分鐘內留下可能會掉落的髮絲。

直到我開始維護洗手間的清潔才明白，娘家的洗手臺之所以總是一塵不染，仰賴的都是媽媽的勞動。洗手臺難免有髮絲掉落，灰塵更是一秒也不停歇地持續飄落，在白色的洗手臺上，髒汙灰塵的存在感就更強烈了。我通常都會先放個幾天，等到要打掃浴室時再一起清理。每次看到一片凌亂的洗手臺，我都心想，就是因為這樣，媽媽才老是說我懶惰嗎？但我怎樣也無法像媽媽期許的那樣勤快，每次洗完手就順便擦洗手臺。我都先在內心嫌棄地發出「呃」一聲，然後當作沒看到，接著等到固定打掃的日子才把它擦拭乾淨，這對我來說比較省力。可是碰到公婆即將來訪時，我只要一進洗手間，就會把洗手臺的灰塵一擦再擦，同時想著：「要是媽媽看到我這副模樣，絕對不會說我懶惰。」

我也沒想到公婆開我家的冰箱門會是這麼感到壓力的事。冰箱內要有新鮮蔬果，必須清掉放太久需丟棄的食材，還要有經常煮飯的痕跡等，這些壓力席捲著我。媳婦平時有沒有好好煮飯給兒子吃，有沒有準備營養健康的料理，只要從冰箱食材就可以判斷。儘管我也絕對不同意實際上比較常下廚的是老公，而我的責任是負責吃飯的說法，但因為知道終究要被評價的人是我，所以沒辦法獲得解放。我對公婆的想法瞭若指掌，無論如何，我都不想被挑毛病的欲望非常強烈。

我依然是個「小媳婦」嗎？又或者是即便指責不當，我也不想忍受？公婆要來的前一天，如果水果沒剩多少，我甚至還會刻意不吃，把水果留下來。雖然我也覺得自己有點誇張，卻很自然地就變成這樣。儘管我知道公婆看到冰箱沒有水果時會很心疼，而且會在下次見面時買水果給我們，我也明白心疼與指責是可以同時存在的。同樣是空蕩蕩的冰箱，在我媽和婆婆眼中看到的絕對不一樣。

相反的，老公總是無動於衷，無論是公婆還是我父母拜訪，對老公來說都沒差。儘管（在我說明之後）他知道我對公婆來訪會有壓力，所以至少會一起打掃或整理家裡，但他不會像我一樣執著在一粒灰塵上頭，因為若家裡沒有整頓好，沒有人會向老公興師問罪。甚至連我媽都會碎念我說，要洗的碗盤也沒多少，為什麼要堆在那邊，同時捲起袖子說：「媽媽趕快幫妳洗完。」差別只在於我媽是表面上罵我，婆婆則是在內心數落我，責任到頭來都落到我頭上，我的肩膀真的快重死了。

有時我覺得世界好像變了，有時又覺得什麼都不會改變。當公婆對老公說：「你也要好好做家事，別讓媳婦太累」，或是：「兩個人都有工作，家事也要一起做」，卻只向我說明如何料理醃牛肉時，我知道他們正在把家事的主要責任加諸在我身上。我因此繃緊了神經，甚至還會去檢查洗衣籃是否塞得太滿。公婆的拜訪，是不可能沒有壓力的。

婆家新創企業

當天氣開始轉涼，有些女人會開始心情沉重。當蔬果店開始宣傳醃泡菜用的白菜時，像我這種不需要醃泡菜的人還在想：「這麼快？」的同時，媽媽早已經訂好了醃泡菜的日子。儘管我的「這麼快？」並無惡意，但站在媽媽的立場上可能會感到有點煩躁。畢竟醃泡菜不是我人生中的重要課題，就算忘記醃也無所謂，才能說出這句風涼話。

我也不是不想幫忙，但就是懶，加上我會用「就算去了也幫不上忙」來自我合理化。而且，一旦媽媽說不用了，我的罪惡感就會頓時消失。就在我沒有採取任何行動，各種想法卻不斷在腦中反覆打轉之際，我對老公的母親似乎萌生了另一種罪惡感。

婆婆經常會為了沒辦法為我做泡菜感到抱歉。儘管至今婆婆的人生和醃泡菜是八竿子打不著，但不知為何，自己的兒子結婚後，婆婆突然開始在意起醃泡菜這件事。

我媽是爸爸家族中的長媳，平時和家族交流很頻繁，所以會面臨必須和奶奶一起醃製好幾戶人家的泡菜的傳統——用其他說法是「被壓榨」的情形。但婆婆不太一樣，婆婆既不用負責好幾戶人家的泡菜，加上夫妻在外頭工作的期間很長，經常是從身邊的人那裡拿到泡菜。就算我變成家中的一分子，也只比原來的一家三口多出一張嘴，況且這張嘴也不是婆婆該負責的。但婆婆就像是在替自己辯解般，說自己不敢嘗試醃泡菜，好像媳婦進門後，自己就理當做這件事，還說自己是很混的婆婆。我只覺得有點困惑與訝異，婆婆都已經維持相同的生活方式數十年了，為什麼要因為兒子結婚而突然改變，還認為需要大量的泡菜？

Mikang的網漫《這樣做好嗎？》中也出現類似劇情。一對情侶正在考慮結婚，男方家裡卻宣布幾月幾日是醃泡菜日，把他們叫來家裡。女方問了男方才知道，過去他們家從來就沒有所謂的醃泡菜日，是最近才突然有的。是因為媳婦即將進門，男方家裡才開始醃泡菜，並理所當然地要求女方參加。

家裡有了媳婦，於是突然開始舉辦父權制的活動，機智的人為此種現象取名為「婆家新創企業」，其中包含了拜祖先、過節、醃泡菜等項目。即便是在對傳統家庭活動相對自由開放的家庭，只要有媳婦進門，家族氛圍就變得截然不同，並且逐漸冒出過去省略或不存在的傳統活動。這也等於是男友口中的「我們家沒有在拜祖先」，包含了話者所不知道的線索——「現在」沒有在拜祖先。現在沒有的家庭活動，無法保證之後就不會有。

根據戀愛期間聽到的，老公家裡沒有所謂父權制活動，過節行程也很簡單，都是在家悠閒地休息或去看電影。既沒有提起過節時經常會聯想到的食物勞動，也沒有非得見不討喜的親戚不可的情緒勞動。老公說，他們都是和比較親近、主要是母親這邊的親戚一起輕鬆自在地過節。沒有盛大的祭祀，也沒有擺盤華麗的食物，而且都是親切和善的人。一切聽起來非常合理，我也認為這才是過節原本的意義。這跟我們家過節總是搞得很繁瑣、整個屋子鬧哄哄，有人必須超出負荷不同，形成了鮮明的對比。在我眼中，老公家過節的方式很理想。

可是婚後第一次過節時，一切都變了。公公邀我們去長子家，也就是老公的大哥家。那個地方光是平常開車就要花上七小時，過節時更是不知道得花多久時間才能到，而且過往因為舟車勞頓，連公婆也很少去。老公家人過節的方式與過去完全不同。因為是第一次過節，去向老公家族的親戚打招呼還可說是「基本道理」，只是這種道理為什麼是有選擇性的？去拜訪婆婆的家人或見我家的親戚，就不可能變成必要行程。

假如婚前的我知道「婆家新創企業」這個詞以及它的涵義，也許我就會早點察覺這件事，但之前我並不認為結婚這件事會改變一個家族往年的習俗，而且還是會變得更保守、更父權制。

話又說回來，沒有哪戶人家會因為女兒結婚，就突然開始祭祖或過節，也不會要求女婿必須參加家族活動、提供勞動力，所謂的「娘家新創企業」並不存在。

所以說，「婆家新創企業」是一種主角是媳婦、而不是女婿的現象。不難想見，婚後第一次迎接公婆生日時，婆家也會希望媳婦能親自為他們煮海帶湯。公婆想要的並不是媳婦藉由海帶湯來表現對他們的愛或尊敬，因為如果生日餐真是一種愛的表現，他們應該對自己的子女抱持期待才對。

人又不可能直到媳婦進門後，才突然產生必須藉由祭祀來緬懷祖先的信念。既不會突然就喜歡吃燉排骨、煎魚片等年節食物，也不會產生必須準備大量冬日泡菜的必要性。也就是說，不會向子女要求的生日餐、祭祀菜餚和泡菜的「婆家新創企業」，是將媳婦視為奴隸、賦予任務的行為。

「婆家新創企業」並非出自本質的需要，而是出自工具上的需要，在樹立家長權威方面即是如此。在男性家中，所有人依男性血緣為中心團聚，而被綑綁的附屬女性則為男性付出勞動。祭拜的祖先越多，過節時團聚的親戚越多，男性就越能獲得身為一家之主的權威。廚房裡擠滿了女人，每晚孩子們聚在一起玩，男人則在客廳享用女人準備的佳餚美酒、談天說地。也許，這正是所有一家之主的夢想。

然而，用這種方式樹立權威的時代已經過了。假如權威會因為祭祀儀式過於簡便或屏除就變得低落，這樣的權威在一開始究竟具有什麼意義？假如在過節時壓榨家中的女人，享用她們準備的食物，就是他們所說的權威，那麼擺脫這種權威不才是應該的嗎？

所謂精明的媳婦

「我們以前是不懂，但妳這麼聰明，應該會自己看著辦吧。」

「聰明」，這個用來描述媳婦的形容詞究竟具有什麼含意？從字典上查找「聰明」一詞，它代表的是：清楚明確、聰慧明事理、計算精準。若是你說，那不就是用字典上「聰明」的定義來理解「聰明的媳婦」就好了嗎？但女性的聰明，並不是用這麼單純的方式來解讀。

一群素昧平生的人，突然被名為「家人」的線綁在一起，對彼此卻幾乎一無所知。在把我的想法和價值傳達給公婆的過程中，最困難的莫過於要盡可能用委婉的方式表達。我必須經歷非常漫長的自我審查，包括說出我的想法會不會顯得狂妄無禮，好像自己在裝懂。因為我知道，光是提出一點個人主張，女人很容易就會被認為固執難搞。我始終致力於避免帶給任何人那種印象，對公婆自然不例外。

老公要離職時，當公婆知道要辭掉工作的人不是我，而是他們的兒子，他們卻不知道為何打電話給我：「你（們）很聰明，會自己看著辦，不過……」這通電話的目的，是要我勸阻老公。

他們並沒有去考慮，老公要離職，我們夫妻倆事前是否意見一致，或我的意見如何，他們只把全副心力放在要讓兒子貫徹他們的意思。公婆知道自己很難動搖已經做決定的兒子，所以轉向媳婦行使影響力。無論在各方面，這個舉動都令我訝異。

我們表示，這件事已經討論很久，公婆仍不厭其煩地問：「妳也贊成嗎？」所以我也數次表達是這樣沒錯。可是，現在他們仍要我違背自己的想法，反過來說服老公，難道公婆是覺得就算和我想法不同，只要他們說出了什麼咒語，我就會無條件遵從他們的話？公婆已經充分向老公表達了意見，老公依然不為所動，他們卻認為，只要我去傳達，老公就會改變想法。

公婆不僅不尊重我的想法，也高估了自己對我的影響力，以及我對老公的影響力。他們嘴上說的「你們會看著辦」，實際上卻是「你們會看著不要這麼辦」的矛盾說詞。

公婆要求我按照他們的意思去做時的開場白，總不忘提及我的聰明。因此，我

大致能解讀出「因為妳是聰明的媳婦」的言下之意。「我知道妳會有自己的想法，但不管怎樣，我希望妳能照我的話去做」，甚至是「妳不能因為自己聰明就無視我，不然妳會因為自己的聰明而更討人厭。」

會有這種感覺，是我太敏感嗎？「聰明」這個詞似乎成了一種武器，當他們缺少說服我的邏輯時，就會為了操縱我，將武器抵在我面前，觸犯我的聰明。

為什麼媳婦的聰明會成為指責的對象與前提？「聰明的媳婦」後頭都會伴隨負面的話。我們家媳婦聰明歸聰明，就是不懂變通；聰明歸聰明，但有時很冷漠無情；聰明歸聰明，但她很強勢、有野心、不懂事……對公婆來說，媳婦是在什麼時候顯得聰明？真是按照字典的意思所說，在聰慧明事理的時候嗎？公婆說我很聰明，但他們是喜歡我聰明，還是討厭我聰明？

我試著想像了一下，假如我按照他們的要求，在意見相左的情況下，仍奉公婆之命勸阻老公辭職，我會被冠上什麼形容詞。比起「妳果然是個聰明的媳婦，做得很好」，應該會成為：「我們家媳婦真是善良又單純，懂得聽大人的話，對大人很恭敬。」聽來似乎更體面了。

聰明媳婦的反義詞，不是不聰明的媳婦，而是善良的媳婦。因為聰明的媳婦，

代表的正是不乖巧順從的媳婦。媳婦的聰明，絕對不是受歡迎的特質，反而讓人備受威脅。會吃定老公的聰明、會贏過公婆的聰明，媳婦被要求的不是聰明，而是賢慧。奴隸沒有必要聰明，只要默默去做被交付的工作，老實認分地順從就行了，這正是傳承至今的長媳條件。帶著勤奮的姿態忍耐、犧牲，盡自己的本分和義務，這是忠誠奴隸的條件，也是賢慧媳婦的資格。

一名國會議員曾在公開場合說，女人就該露出有些傻傻的表情，太聰明會惹人厭[4]。不必等公共機關企圖進行「無害的陰謀」[5]，聰明伶俐的女人將自己塞進父權制的故事早就多不勝數。無論何時打開電視，都可以看到事業有成的女人和愚鈍不可靠的男人墜入愛河，最後犧牲自己的故事。彷彿這是聰明的女人必然的結局，彷彿只有社會經濟地位低落、卻像傻子般憨厚純樸的男人才會接納聰明的女人，彷彿和愛自己的男人生活是女人人生中最重要的幸福般，藉由讓聰明的女人屈服於父權制以獲得快感的敘事反覆出現。

這個社會對聰明的女人懷有戒心，也害怕女人會覺醒，所以絕對不會鼓勵或讚揚女人的聰明。儘管如此，如今我並不打算隱藏我的聰明。隱藏聰明時，我無需掩藏就一路失去了聰明，但如今無論我有多聰明，我都希望能表達自己，想多聰明就多聰明。即便我依然會碰到因為某種言語或眼神而打退堂鼓，但我也不想隱藏。在無意識地進行自我審查時，我會用力地甩頭，問自己想要什麼，去想起它，記住它，並且「狂妄地渴望」變得更加聰明。

4 南韓國會議員金乙東曾在「二十代大選自由韓國黨女性預備候選人大會」中發言，「就我國來說，如果女性表現得太過聰明，就會非常惹人厭。我認為，女性露出有點傻傻的表情要討喜多了。要是有人提問時，女性用乾脆俐落的語氣回答，會引起大家的排斥感。」雖然這句話是在說明有效的選舉方法時出現的，但仍因帶有性別歧視而遭到批判。

5 在韓國保健社會研究院的論壇〈主要低生育率對策的成果與未來發展方向〉上，元鍾旭資深研究委員發表了《從結婚市場的角度分析各年齡層結婚決定因素》報告書，其中包含了「隨著女性教育與所得水準上升，就不會選擇條件相對差的男性結婚，為此，必須開發改變社會習俗或規範的文化內容。這不該以單純宣傳的方式，而應該以對大眾無害的陰謀水準，暗中隱密地進行」的內容。這份報告書將低生育率的問題原因歸咎於女性能力的提升，光明正大地發表了降低女性社會地位的陰謀，因而飽受抨擊。這個代表性的例子，顯示出社會對於高學歷、有能力的女性的憎惡與嫌惡。

像女兒般的媳婦

每次聽到有人說把媳婦當成女兒，或想要有個女兒般的媳婦時，我都忍不住想問：「這個嘛，假如我成為您的女兒，您招架得住嗎？」我的意思是，您真能接受像女兒般的媳婦說出「不對，這是錯的」嗎？公婆並不知道我是什麼樣的女兒，也不會想知道，我在父母面前向來是非分明，是就是、不是就不是。

把媳婦比喻成女兒時，他們想要的模樣其實是某種形象和角色。公婆希望我能像（他們認定的）女兒（形象）一樣愛撒嬌、溫柔和善，總是笑臉迎人，在絕對不會挑戰權威的範圍內親切對待他們。他們希望的我能親暱地挽著他們的手臂一起去逛街，替他們過生日，還有陪他們一起上醫院。這社會如何看待女兒的角色，由此一覽無遺，加諸女兒身上的性別歧視，與賦予媳婦的性別歧視重疊後，形成了像女兒般的媳婦。

此外，這也代表他們想輕鬆自在地待我如女兒。他們無法滿足於「兒子的配偶」這種親近程度，而是套入自認為最舒適自在、沒有隔閡的親子關係，就算對待媳婦的方式有任何越線，也可以獲得免死金牌。不需要在說出可能失禮的話後，必須在意自己是否失禮。就算他們三番兩次侵犯個人界線，也希望妳能理解，對此睜一隻眼閉一隻眼。「是因為他們把我當成女兒，覺得和我很親近才會這樣，表示我和他們的關係很好。」他們打造了無所不能的說法，好讓受到無禮對待的人能自我合理化。「像女兒般的媳婦」乍聽親暱多情，但進一步探究，就會發現恰恰相反。

所以，「像女兒般的媳婦」是一種要求雙重角色勞動的殘忍概念，是期望媳婦追加負責女兒的勞動。他們期望的不是「像」女兒般的媳婦，而是希望她既是女兒，同時又是媳婦，其中隱藏著期望媳婦能為婆家提供照顧勞動，忍受婆家無禮的情緒勞動。這是以家庭主義巧妙包裝對媳婦的不合理期待。

幫我繫圍裙根本不是體貼

婆婆過去是活在「瞞著老公偷藏的私房錢很珍貴」的年代，她不時會趁沒人注意時偷偷塞錢給我，但瞞著公公、老公收錢讓我倍感尷尬，我曾試著拒絕，也曾在婆婆面前馬上把老公叫來，跟他說我收到了零用錢。即便我無法理解這種方式，卻能體會婆婆的心情。碰到自己需要用錢時，卻很難獲得老公的「許可」，婆婆會有這種想法，完全來自於她的自身經驗。

儘管我多次解釋，我和老公共同負擔經濟，不會向彼此隱瞞，也沒有嚴重的意見衝突，但婆婆依然不接受我們和他們不同。公婆認為自己的生活樣貌是普遍、放諸四海皆準的。

最後，我把婆婆給的錢存起來，等到下一次再像婆婆對我那樣，瞞著公公偷偷塞到婆婆口袋裡。我無法改變公婆的想法或改變他們的關係，這是我唯一能替婆婆做的。想到婆婆把我放在弱者位置上的那份心意，就會忍不住想像起她的人生。我比任何人都期望她能自由，享有平等的地位，與她聯手對抗父權制。

但是婆婆徹底地遵從父權制，同時又很體諒我。婆婆並沒有強迫我去做父權制向她要求的勞動。婆婆個性溫順、心地溫暖，就算要醃泡菜也絕不會強制要求我幫忙。婆婆肯定想和媳婦一起醃泡菜，期待我去幫忙，又不想造成媳婦的負擔，所以從不會表現出來。

但婆婆並不認為父權制有什麼不合理，更遑論抗拒，必定也自認是體諒媳婦的好婆婆，並期待媳婦知道這點，對此心存感謝。當媳婦疏忽了自己的本分或疏遠婆婆時，婆婆就會面露失望，帶著「我這麼體諒妳，為了讓妳舒服過日子，不知道吞下了多少話沒說呢」的想法而感到不悅。

不要求媳婦做什麼，是婆婆體諒才可能發生。光是不要求媳婦一起醃泡菜，婆婆就要耗費許多力氣，才能不去使喚原本應該使喚的媳婦。婆婆都這麼費心了，要是媳婦再不上道，做出有違父權制期待的行為，瞬間就會變成不懂感恩之人。

婆婆對媳婦的體諒隨時都會變換樣貌，通常是這樣的——當婆婆預告幾月幾日要醃泡菜，要我過去吃剛做好的泡菜和白切肉，順便拿泡菜回家時，我能輕易「違抗」嗎？儘管現在是因為婆婆的體諒而免於醃泡菜之苦，但體諒永遠都是選擇性的。我的處境會根據婆婆的心情瞬間翻轉，這就是媳婦的命運，從屬於他人決定的人生。

作家朴婉緒在散文集《此時是幸福的時光嗎？》用非常出色的比喻來說明女性的這種處境。意即，儘管過去有僕人遇上了好主人，並因此被當成人看待，但只要這個社會把「僕人就該受迫害」視為正當，哪怕只有一個人，那麼其他再多的僕人能和主人同桌用餐、穿相同的衣服、受相同的教育，他們都不是被當成一個人對待，而是在接受特別的恩惠。特別的恩惠並不是一種權利，就算隨時被搶走，當事人也無法表示抗議。朴婉緒還補充，因此，命好的女人也應該共同參與歹命女人的痛苦。

無論再好的公司主管、再好的指導教授、再好的婆家，從我的命運掌握在他們手中這點來看，他們都是掌權者。他們可能會對我提出要求，也可能不會，我卻必須等待他們的要求。違逆掌權者的要求會消耗大量的能量，而且根據情況不同，我甚至必須對可能會被掃到颱風尾做好心理準備。每個人都知道，當媽媽醃泡菜時，只要一丁點罪惡感就抵銷一切的我，在婆婆醃泡菜時卻只能加入她的行列，並不是因為我把婆婆看得比媽媽重要。不幫婆婆醃泡菜，並不像選擇不幫媽媽醃泡菜那般簡單。選擇不參與婆婆醃泡菜的行程，會有很龐大的代價緊接而來。這是即便我遇見了好婆家，也無法完全卸下心防的理由，也是我不想靠著善良婆家的體諒維持日常生活的原因。

我並不想只滿足於輕拍自己的胸口兩下，說好險婆婆沒有叫我去醃泡菜。我想要的不是靠掌權者的體諒，維持提心吊膽的和平，而是以我應當擁有的權利，用我的雙手選擇我的生活。

否則體諒日積月累久了，疙瘩也會逐漸增加。把我在大伯家的廚房做事視為理所當然的想法不是體諒，但在我做事時對我說，衣服不能弄濕，一定要穿上圍裙的心意卻能稱作體諒。只是這朵體諒的花朵是綻放在壓迫之上。當老公說要和我一起在廚房做事時，婆婆流著淚說這樣會令父母蒙羞的心情，以及轉頭又溫柔地要我穿上圍裙的心情，這兩者之間的距離究竟有多遠，或者有多近呢？

我感到混亂不已。明明加諸在我身上的是壓迫，我卻忍不住去猜想對方的人生和人格。我既無法全然討厭，但也無法全然喜歡，只能模稜兩可地來回擺盪。剛開始我覺得能理解，後來又變得不想理解，剛開始覺得很心疼，後來又覺得不該這樣。要是我理解了，不加追究，偏見就會持續下去，什麼都不會改變。一旦我疏忽了媳婦的角色，這種體諒隨時都會被收回，無論這份心意有多真誠，壓迫我的父權制也不會消失。所以婆家以父權制為前提的體諒總讓我心存疙瘩，也多少帶有侮辱意味。完全的體諒不曾存在，就算有心也做不到。

婆家與媳婦，嫌惡與希望

我的公婆大致上是高尚文雅、通情達理的人，扣除性別議題，在交流上沒有太大的不滿或不便，但是……**既然我是以媳婦的身分認識他們，性別議題就等於是我們關係的全部。**

公婆對待媳婦的方式、公婆對待兒子的方式，乃至於公公對待婆婆的方式，這一切都越來越讓我耿耿於懷。有人說，只要把公婆當成住在隔壁的長輩，建立這個層次的關係就好，但對我來說，公婆比那要親近得多，並且更龐大沉重。假如他們只是隔壁的長輩，就不會期待我替他們準備生日宴，我也可以只用自己的好意去祝賀他們。他們不會有理由想知道我們家的密碼，我也不會有需要一起過節的義務感。我可以只在自己願意時跟他們交流，而他們也會認為我有選擇權。啊，如果是這種關係，該有多輕鬆愉快啊！假如有人惋惜地說，一旦和公婆的關係疏遠，媳婦就會得不到公婆的愛，我倒想說，接收者不想要的愛，這種愛並不是為了接收者，而是為了給予者，不理會接收者的意願就給予的愛，是因為他愛的是給予愛的自己吧。

公婆想要的和我想要的絕對不會有交集。在公婆期望的關係中，我隨時都必須承受侮辱感，而這即是父權文化中公婆與媳婦之間的關係。**一日不擺脫父權文化，就不會有天下太平的時候。**

公婆只用「父權制的媳婦」這個屹立不搖的框架來裁定我這個人。在我們的文化中，並不存在優先以個人本來的個性與價值來看待媳婦，而是更看重媳婦被賦予的角色。儘管現今出現了「把媳婦當成來家裡玩的兒子的朋友」這種動搖原有觀點的說法，但要超越父權制依然力有未逮。在現今框架內，並不把媳婦當成一個獨立人格體，無論婆家百般體貼也一樣，要靠個人的能力擺脫也同樣不容易。儘管這需要發揮超人的力量，但那難以持久，也無法日常化。

框架自然是無所不在，用打造的框架拿去判斷關係、理解世界的情況每天都在發生，在各地星羅棋布，彷彿少了它們，世界就無法運轉。偶爾，它在打造關係上很有效率。看待朋友的框架、看待男女朋友的框架、前後輩的框架、父母與子女的框架，其中當然也有名為婆婆和公公的框架。倘若公婆很重視看待媳婦的基本框架，那麼他們也很可能被固定在公婆的框架之中。他們會將自己關在框架內，認為做公婆的就該有這種樣子、該替媳婦做那種事。就像他們無法用自身是什麼樣的人來看待自己，他們也無法用我這個人來看待我。無論是誰，在迎合框架的過程中，都會有某個部分被削去。

我們必須銘記，不是所有框架的位階都是相同的。有些框架會同時賦予拒絕權，某些框架卻不是如此。假如有些事情做了也好，不做也罷，那麼有些事情就是做是理所當然，不做就會挨罵。壞事主要都是在權力的底層，而在婆家中，當然就是媳婦了。因為囚禁權力底層者的框架早就以惡意和壓迫的方式成形，就算掌權者本身並無明顯惡意，結構本身也早已充滿惡意。

權力的惡意與壓迫，很輕易就會變成對弱者的嫌惡。在婆家，這體現為公婆對媳婦的嫌惡。權力將社會的弱者視為一夥，製造負面偏見，套在他們身上，再以此為根據進行壓迫，卻不在意他們個人是什麼樣的人。碰到非典型的情況時，權力所做的不是修正刻板印象，而是將其看作罕見的例外，聲稱「妳和一般的媳婦不一樣」，同時創造出好媳婦的標準，再次進行壓榨。

身為在一個充滿女性嫌惡文化中出生長大的人，我也同樣能輕易發現仇視媳婦的蹤影。正如同迎合「上道的女人」的標準不代表就能擺脫女性嫌惡，成為犧牲奉獻、善良的好媳婦，也同樣無法擺脫眾人對媳婦的仇視，嫌惡不會因此瓦解。就連好媳婦的標準，都是建立在仇視媳婦的基礎上，因此，我們必須打造新的標準。不，事實上根本也不需要標準這種東西，好人就是好媳婦，壞人就是壞媳婦罷了。

值得慶幸的是，既然知道了嫌惡對弱者進行的強者支配手段，我就能努力避免遭到支配。我不會被控制的，我會管制我自己，徹頭徹尾地做自己，活出自由。我期盼有一天，能活在不必像現在這樣咬牙下定決心的世界。

3

Chapter

控告藏在婚姻背後的父權制

這才不是孝子

談戀愛時，我認為老公是個孝子。雖然我不是要對孝子這個詞下什麼精準的定義，但老公不會對父母大小聲，休假時會打掃家裡，加上看到他在母親動手術前夕落淚的模樣，讓我覺得他是個好兒子。（認真說來，這些事都很理所當然，但我似乎因為他是男人而輕易給予了高度評價。雖然我對自己的父母要用心多了，但過去不曾允許自己有過的「孝順父母的子女」頭銜，我卻輕易地賦予了老公。比起孝女，孝子的標準真是低很多。）

我很看重他是孝子這點，就像聞一知十般，我認為孝子都是心地很好、善解人意的人。相較於嚴以律人、寬以待己的人，我偏好對所有人都很親切的類型。畢竟沒來由地對父母無禮的人，難保他對我的溫柔態度能維持到什麼時候。

所以，我對「和孝子結婚會吃苦」的說法感到訝異，我很難想像懂得用心孝敬的人會令配偶深陷痛苦。每當有人問我：「未來的老公是個孝子嗎？」我總是自信滿滿地回答：「男友雖然是個孝子，但不會讓我吃苦的。」我應該要察覺，婚前問卷中不問未來老婆的孝心，卻只問未來老公孝不孝順的意圖是什麼的。婚前的我，只以字典上的解釋來理解孝子的概念。

婚後，我終於面臨了父權制中真正孝子的實際樣貌。

結婚初期，老公幾乎每天都會打電話向父母問安。當時我們說好，每個月要和另一半的父母聯絡一次，老公卻偶爾會悄悄透露出「希望我能打給公婆」的期望。他並沒有忘記我們說好的規則，而是因為公婆老是對兒子吐露沒有常接到媳婦電話的惋惜。婆家以惋惜包裝的壓迫，經常只從老公的左耳進、右耳出，再（幾乎原封不動地）傳到我身上。老公也很清楚我對於打電話向婆家問候感到很有壓力，也知道即便我的內心抗拒，卻也認為自己有這個義務，所以實際上，我是揹負著心靈的包袱。因此，我們制定了一個月打一次問候電話的原則，也制定了當老公先打給我的父母時，我也要打給公婆的細部規定。平常老公很少有事需要打給我父母，加上要受到的環境壓力也較小，所以我們決定問候電話由老公先打。

碰到婆家強烈渴望我打問候電話時，有時我會忍不住心軟。雖然我一方面覺得「是啊，不過是打一通電話，又沒什麼，就滿足一下公婆吧」，但只要想起通話內容，就會覺得很有什麼。內容大部分都只限定在身為媳婦應該要重視的事——管理健康、吃飯和老公的狀態如何。和公婆通話時，媳婦能說的話、我所能採取的態度也幾乎都已經決定好。我必須披上「媳婦的外衣」，扮演「媳婦的角色」。每次掛斷問候電話時，我明知答案卻又忍不住一問再問：「我為什麼要打這通電話？公婆為什麼希望我打這通電話？為什麼問候電話只壓迫媳婦，女婿卻能輕鬆閃過？」

所謂的問候電話，是一種再次確認媳婦地位的儀式：對公婆恭敬，以及輔助丈夫。「想聽聽妳的聲音」在我耳中聽來是「展現妳順從婆家的樣子」，「期待媳婦打問候電話的心理」是一種「確認權力的需求」，因此每次結束問候電話，我的心情就會無可避免地變得很悲慘。

老公不去抗拒這種令人不自在的角色劇，卻好聲好氣地向我提議打一通問候電話給公婆，看到老公無法戰勝父母施加的壓力，不顧我們共同制定的規則，要求我盡身為媳婦的「本分」，真是百感交集。這真的是因為老公是個孝子嗎？有趣的是，我們從來沒有執行過「一個月聯繫一次彼此的父母，但由老公先打電話」的規則，因為老公不曾自動自發打問候電話給我父母。

所謂的孝子是什麼？有一次，我朋友的婚禮和老公表弟的婚禮撞期，老公平時和表弟幾乎沒有交集，結婚的消息也很晚才收到。假如時間有錯開，至少還能試著兩場都參加，但偏偏兩場婚禮辦在同一天的同一時間，地點分別是在首爾和釜山。

我向老公提議分開行動，結果老公說我必須放棄十年知己的婚禮，去參加表弟的婚禮，還說如果轉換立場，他也會參加我表弟的婚禮。老公的驚人主張令我瞠目結舌。「真的嗎？假如你的朋友志源和我表弟的婚禮撞期，你會不去參加志源的婚禮？」聽到我拿實際存在的朋友來舉例，老公稍顯猶豫，但還是不自然地點了點頭。

我怎麼想都覺得奇怪，靜靜盯著一反常態不講理的老公，接著隱約猜到了什麼。「你是因為怕我不去，爸媽會說什麼吧？」老公一言不發地坐著思考了一會，最後承認了。

那一刻，我看清了所謂孝順、本分的真面目。表面上男人是在當孝子，但進一步探究，就會發現他只是不想製造衝突，還有覺得面對衝突時，自己必須處理這件事的義務很累、很麻煩，才向老婆提出強人所難的要求。嘴上說是為父母著想，實際卻只是卑鄙地想圖自己的方便。與其說他要比之前更關心父母的感受，不如說他是想維持不需要耗費任何力氣去說服父母或讓父母理解的舒適狀態，這就是老公的孝道。

知道老公的孝順是建立在懶惰與卑鄙之上後，我也徹底理解了「男人是孝子，會讓老婆吃苦」這句話的脈絡，它指的是老公缺乏在父母與老婆間進行調節的意志。關於媳婦被賦予的不當要求，老公會認為要求不當的意識很淡薄，就算有這種意識，也不會認為需要和父母爭論或說服他們。「男人是孝子」的本質，是在父母面前假裝成乖兒子，在老婆面前表現得像個孝子，事實上卻不肯為了自己的原生家庭和新家庭傾注任何努力的自私，「讓老婆吃苦」則意味著緊接而來的責任轉嫁，以及媳婦代替老公盡孝道，而這就是父權制社會中通用的孝順真面目。

甚至父權制還會提供煞有其事的藉口。老公有個很強烈的名分，就是「公婆希望的」。聽到老婆問他，這次一個人回婆家感覺如何，有些老公會回答：「妳去了，爸媽才會開心。」這多少是事實，儘管與其說媳婦回來會令他們高興，更像是他們覺得媳婦不去很可惡。準確地來說，比起兒子，他們更期望媳婦盡孝道，因為他們會把媳婦的勞動替換成兒子的孝順。就連壓榨老婆代替老公盡孝道，都會變成男性的功勞。

和孝子結婚會發生的事

所以和「孝子」結婚，這些狀況就會接踵而來。老公說，爸媽會寂寞，所以每到週末就說要去拜訪爸媽；比起兒子，父母更喜歡和媳婦通電話，所以媳婦必須經常打去問候；要把大門密碼告訴父母，方便他們隨時進來；當婆家拿來親手做的食物，必須隨時帶著感謝的心收下；就算手頭有點緊，年輕的一輩就該支援退休的父母零用錢或生活費；要生孩子，好讓老公能向父母盡孝（我的天啊，孩子是老婆賭上性命生下的，為什麼會變成老公向父母盡孝？）；要定期把孩子的照片上傳到聊天群組，好讓父母開心；雖然老公在家族群組一句話都不說，老婆卻要以恭順溫柔的口吻留下長篇訊息；碰到父母的生日，要親自替他們準備生日宴；就算身體不舒服，也要參加婆家的活動，不讓父母擔憂；逢年過節，母親一個人張羅食物很辛苦，所以要提早一天去幫忙；老公笨手笨腳的，在廚房只會礙事，所以都由女人們三兩下處理完畢。

總結來說，違反婆家意思的行動一律不要做，無論他們期待媳婦做什麼，都要欣然地滿足他們。儘管過程中碰到個人難處時，偶爾可以向老公提一下，但即便是這時候也最好獨自消化，因為老公是天下第一孝子，要是老婆訴苦，就會被視為在攻擊公婆。

坐享其成的孝子

只能用壓榨老婆的方式來執行的代理孝道是充滿惡意的，唯有老婆付出時間、努力與情緒勞動，老公的代理孝道才能成立。舉例來說，從和父母經常聯繫、見面、一起旅行、準備生日宴、過節時長時間陪伴等，都屬於孝道的項目來看，裡面無一不需要老婆的勞動。

當老婆拒絕執行代理孝道時，就會與婆家產生嫌隙。老公能維持孝子的角色（或地位），同時又能解決衝突，最輕鬆的方法就是讓老婆迎合公婆。如此一來，自己既不會被牽連，也不必費力調整。他可以在父母面前保住顏面，看起來也不會像是無法掌控妻子的軟腳蝦。他會產生自己盡了孝的滿足感，建立起身為一家之主的自尊，整個人的身心都安樂快活，簡直可說是得來全不費工夫。

「妳只要忍耐這次就好，體諒一下嘛。」是要求代理孝道時很具代表性的說詞。這招很高明，因為話者站在懇切請求的位置上，一旦對方拒絕，就會變成無情的人。只要老婆忍耐一時就能海闊天空，大家就都能幸福的說法之中，也分明有權力關係在運作。但對於前者，沒人膽敢要求他忍耐。只要老婆給予諒解，男人就能坐享其成，不會遭受任何損失。偽裝成孝順的男性自私心態是隱祕而根深蒂固的，就連本人都很難意識到。根據男性所制定的社會觀念會替男性包裝其行為——是因為他是孝子。當女性處於不合理時，周圍的人用一句話就堵住了女性的嘴。

孝子真的了解自己在向老婆請求什麼嗎？老公似乎無法輕易察覺，他是在要求老婆「把妳的自尊和價值觀全數拋棄，忍受我的事不關己與卑鄙，以及為了承受父權結構的媳婦待遇所帶來的屈辱感，傾注妳所有的耐心」。

「孝子的孝是為了父母」也是一種錯覺，但就算那是真的，如果孝順就必須為了父母而將老婆推入痛苦深淵，那麼他對老婆的愛又在哪裡？就像男人老愛掛在嘴上的，對自己親手打造的家庭「負責」，指的就是這麼回事嗎？

這塊土地上的所有男人，都必須靠自己的一雙手執行對父母的孝道。

孝子並不存在

代理孝道將父權制套用在新家庭上，把老婆編入男方家族，藉由使其屈從，好讓父權式的價值能如流水般在新家庭中延續。而理所當然的最大受惠者永遠都是一家之主，也就是男人自己。

婆家期望媳婦能像侍奉自己般侍奉兒子，成為好媳婦意味著成為好妻子。妻子想成為遵循婆家意思的孝順媳婦，就必須忠實扮演輔助丈夫的父權制角色。為婆家犧牲與為丈夫犧牲是互相銜接的，這樣的脈絡很自然。

「不要罵我爸媽！」現在我明白了，聽到我批判公婆的父權思考模式時，老公的這句回應並非出自孝心，而是覺得好像我在責怪他而感到不舒服，對於自己必須解決問題產生壓力，以及試圖逃避問題。在這個社會中，所謂身為已婚男性的孝子，指的是企圖利用妻子代替自己付出勞動力，使其得以在父母面前扮演孝子角色的勞動榨取者。

要是現在有人問我：「妳老公是孝子嗎？」我大概會回答：「後來才發現他也沒（像字典上定義的）那麼孝順，還為了當（符合父權制的）孝子而折磨我。」

原來老公不會照顧人

有些瞬間令我難忘，即便當時我並沒有把它當一回事，事後想起也沒有什麼情緒波動，那個畫面卻如一個斑點般留存在心中，於是我才恍然大悟：「啊，原來這一刻對我來說具有如此重要的涵義啊！」

我經常感冒發燒，那天也是如此。要說和之前有什麼不同，那就是我再也不是躺在娘家，而是躺在我的新房。我躺在放了一張床後勉強能把門關上的漆黑狹小房間，靜靜流著冷汗。「好好休息吧。」老公溫柔地說完後關上了門，我卻一直睡不著。躺在床上，聽著老公在遠處的客廳看電視時發出的笑聲，當時的我是否感到寂寞呢？

我知道、老公卻不知道的事

那是在婚後一年半左右，有天洗完澡後，忘記拿貼身衣物的我隔著浴室的門喊老公。稍後，老公拿給我的，是我覺得穿起來很不舒服，所以幾乎不曾穿過的貼身衣物。我要求老公拿別件，結果他竟然神準地拿來我第二少穿的貼身衣物。剛開始，看到老公挑了和我喜歡的順序正好相反，我忍不住對這種偶然啞然失笑，可是來回退了幾次貨後，最後我大聲喊出我想要的那件貼身衣物的細節——無條紋也無蕾絲的！——並且覺得好像哪裡不太對勁，因為我準確知道老公偏好的貼身衣物順序，甚至是原因。

我並非偶然得知的，當然也不是老公抓著我坐下來，跟我說喜歡這件貼身衣物的鬆緊帶很舒服，那件的設計很好看，而是多虧了以耐心觀察為基礎的照料。老公經常穿、很少穿哪件貼身衣物，穿什麼樣的貼身衣物時會說哪裡不太舒服，我都看在眼裡也聽了進去。

關於老公的生活樣貌，婚後的我逐漸了解的不是只有貼身衣物的順序。老公在準備外出時，我知道此時他需要的是吹風機或乳液，接下來要找的是牙刷還是襪子。也許乍看之下大家會覺得理所當然，有人也可能會說，既然他洗了頭，不就會需要吹風機嗎？儘管看似大同小異，在一成不變的日常中，每個人都有屬於自己的順序，而且就連每個人使用吹風機的時間點都會有微妙的不同。

相反的，老公卻不知道構成我的日常生活的具體步驟。當我趕時間需要老公幫忙時，我必須提出非常鉅細靡遺的要求，比方說「寢室衣櫃的第一個抽屜中，右前方的黑色絨毛褲」。若立場對調，我會知道老公現在需要的是絨毛褲，也知道放在哪裡，老公卻一無所知。我也比老公更了解他的健康狀態，因此我們三不五時就會有這種對話：「你看起來有點累，是狀態不佳嗎？」聽到我的提問，老公會回答：「聽妳這樣一說，好像是耶！」穿著不符合天氣的衣著出門時，也只有我會說：「今天日夜溫差很大，穿涼鞋會冷，穿運動鞋比較好吧。」然後替老公拿雙襪子。

照顧勞動的不平衡

關於彼此生活的大小問題，為什麼我會比老公知道的多上許多？並不是因為我比老公更具有照顧者（caregiver）傾向。雖然我喜歡觀察別人，但關注的領域並不侷限在生活周遭。老公也絕不是什麼粗枝大葉的人，在他感興趣的領域裡，他的心思比任何人都縝密。他會仔細檢查替花澆水的時間點，就算放著其他碗盤沒洗，也會因炒過番茄的平底鍋是酸性而立刻沖水清洗。**只不過是老公認定為自己工作的照顧範圍比較狹隘罷了。**

有些人會主張，從事照顧勞動的種類和強度，差異不在於性別，而是每個人的氣質差異。還有，善於照顧且喜歡照顧他人的性向是天生。當然有可能，但在此處必須關注的是，即便是在相同環境成長的兄弟姐妹，也會被要求根據性別來表現不同的特質。我在還沒上小學前就知道爸爸的貼身衣物放在哪，當爸爸洗完澡叫我時，我就會三步併作兩步地跑過去，把貼身衣物遞給他。是我天生就具有善於照顧人的氣質，還是我是被置於很自然就表現出這種特質的環境中呢？假如我是男生，我的照顧特質會發揮得這麼淋漓盡致嗎？

不是天生的，是培養的

每當媽媽外出時，經常會對我說明準備好放在冰箱的飯菜，而不是對哥哥說；有位朋友總是在玩得正高興時，會接到媽媽打來要她煮飯給弟弟吃的電話，得匆匆趕回家。煮飯這件事，無論年紀大小，都是交給女人做。我們不該認定只有女人才天生具有善於做飯或喜歡做飯的氣質。假如我是個輕率冒失的女兒，甚至沒辦法替哥哥好好準備一頓飯，當年的我就必須接受更加嚴格的教育。站在哥哥的角度來看，他也不會一開始就期待妹妹替自己準備飯菜，因此關於照顧勞動的教育，是從童年時期就培養而成。

儘管照料他人也能帶來成就感或滿足感，卻也是累人的麻煩事。男性與女性之間存在差異，不管男性做不做繁瑣的工作，都不會對他們的評價產生太大影響，但是當女性去執行時，會收到許多稱讚，不去做就會被說成是冷漠或自私。這個社會認為照顧是一種「女性」的工作，就結果來看，女生因此以更擅長照料他人的狀態長大成人。就算實際上女人更擅於照顧勞動的情況確實很常見，但那也僅是以刻板印象為基礎的社會化產物罷了。

結婚與照顧

婆家把關於老公的氣色、體重、起皺的襯衫、營養劑等資訊用訊息傳給媳婦，而不是身為當事人的兒子時，我知道這代表什麼意思。婆家是在很理所當然地在要求我照顧老公，只落在我頭上的照顧勞動不只是身體層面，還包含情緒層面。老公心情低落時，老婆必須花更多心思提供照顧服務，老婆心情低落時，則必須盡早自行整理好情緒，避免影響到對老公的照顧。我必須照顧老公，同時還得照顧自己。

根據一項以平均年齡為七十．八歲的四百三十九名老年人為對象的研究結果[6]，罹患癌症時，接受配偶看護的男性比例為八十六．一％，女性則為三十六．一％，這項研究結果赤裸裸地顯示出照顧勞動中的性別不平等。在準備用餐的情況下，有八十八．三％的男性罹癌者接受配偶的幫忙，女性罹癌者接受配偶幫忙的比例卻只有十三．九％。女性患者自行解決用餐的比例高達六十三．九％，相較於男性患者僅有七．一％，可以說是遙遙領先。就算目前的老年世代是把家事勞動視為女性角色的一代，但沒辦法替罹癌的妻子準備飯菜的男性卻有這麼多，顯示出男性相當缺乏照顧的概念。從配偶身上接受情緒支援的比例，男性高達八十四％，女性卻只有三十二．九％，至於情緒勞動，同樣也可得知女性提供與接收的程度完全不成比例。令人咋舌的案例也時有所聞。即便妻子罹癌，也必須在罹癌狀態下照顧丈夫，最後妻子吃不消，雙方以離婚收場。

在遵循父權制的婚姻內，女性從事照顧勞動，而男性則接受照顧勞動。俗話中的「獨自生活的女性長者要比男性長者更長壽」、「老後還能替男人承攬一切嗎？」的說法、男人的撒嬌臺詞：「真傷心有了孩子後，老公就退居到老婆的第二順位。」女性高喊「我也需要有個太太」的玩笑話，這些全部都是以男人接受女人照顧為前提。

能夠不以為意的特權

有次我去一家大型購物中心，走進了位於中央的「老公中心」（Husband Center），發現裡面有躺椅、漫畫，還有大人用玩具等。當老公一個人在休息時，究竟是希望老婆和孩子上哪去？在家時，老公不就已經像是待在老公中心，把家事和幼兒都推給老婆了嗎？都已經盡享各種好處了，男性還高喊需要更多照顧。老公們不把照顧義務放在眼裡，卻無條件要求老婆照顧自己的撒嬌行為，還有欣然接受這件事的文化，令我深惡痛絕。

這個社會企圖以「不熟練」為由，避免對男性賦予照顧勞動的責任，並打著「把孩子交給老公會發生哪些事」的口號，想用幽默的方式呈現男性放任或虐待孩子等未提供適當照顧的種種行徑。

6 參考出處：Ansuk Jeong, Dongwook Shin, Jong Hyock Park, Keeho Park(2019). What We Talk about When We Talk about Caregiving: The Distribution of Roles in Cancer Patient Caregiving in a Family-Oriented Culture. Cancer Research and Treatment: Official Journal of Korean Cancer Association, 51(1), pp.141-149

人並不是生來就可用二分法畫分，好比某個性別就很單純、漫不經心，某個性別就很細心、共感能力出色，而是社會事先就決定好要容忍哪個性別的漫不經心。能夠不必在乎瑣碎小事的生存狀態，也是一種權力的象徵。男性擁有了能夠不以為意的特權。老公對我的生活方式或需要漠不關心，我卻必須觀察入微，了解老公對每件小事的好惡，乃是透過徹底社會化與學習的結果。

我生病的那天，我希望老公做的是定時來關心我的狀態、拿杯熱水給我、替我量體溫、擦汗、打開房間的加濕器，以及問我有沒有需要的東西或不舒服的地方。老公卻放著我不管。他說，以為我一個人在房間好好睡一覺就會痊癒，這就是老公唯一做的照料行為。

後來，我一項一項教導老公我想要的照料方式，我要他看我怎麼做並學起來。我必須教他才行，這等於是在我的照顧勞動以外，又多了教導老公如何進行照顧勞動的工作。當然，我要教老公的不只如此。

當老公拖拖拉拉、不想做家事

「老公很會做菜，問題在於過程。」被問到新婚生活如何時，朋友回答：「他會把家裡可以稱為鍋子和器具的東西都拿出來用。」啊哈，一聽就知道，朋友的老公一定沒有在洗碗。「叫他不要這樣，他又會生氣。」呼，教別人也是一項工作。「要在他心情好時告訴他，他才會聽進去，但我很難抓到時機點。」朋友雖是笑著說，但我也很懂這種抓狂的心情。

雖然沒有特別學過，但家事勞動的基礎知識之於我就像常識，令我吃驚的是，老公完全是一張白紙。我們都沒有在外租房的經驗，所有家事勞動都是仰賴媽媽，但我和老公的出發點迥然不同。或許是因為我會不自覺地留意媽媽做事的方式，碰到要做家事時，自然就想起了媽媽是怎麼做的。

至於老公，就連洗碗都有一堆事情必須教他。他很顯然是知道自己做完後還會有人幫忙收拾。老公說自己婚前經常在家負責洗碗，那麼，老公洗完碗盤後的廚房，也就是說到處都是泡沫的流理臺、原封不動放在餐桌上的杯子、油漬噴得到處都是的瓦斯爐和牆面，究竟都是誰來擦拭、整理？我大致能勾勒出畫面：在兒子快速洗完洗手槽內的碗盤後，一邊喊著「啊，好累」，一邊躺在沙發上，婆婆必定帶著欣慰的微笑對他說了聲謝謝吧。不知道婆婆會不會還說：「我兒子真棒。」

這就是社會養育兒子的慣用方式，而與在那種環境下長大成人的男人結婚的我，卻過著連「洗好的衣物要抖開再晾，才不會縐」這種事都必須告訴老公的新婚生活，同時，我還必須避免破壞老公的心情，找到他能接受的合適時機點，盡可能親切地告訴他。

什麼都不懂還理直氣壯

無論是性格、成長環境，乃至喜歡的異性類型，我和好友都不一樣，但光靠同樣身為已婚女性這個共同點，我們有了相同的煩惱。

我比老公更了解家事勞動，所以會目擊老公很沒效率，甚至有時完全做錯的動作，況且老公通常也不會自動自發。我期待著自己會慢慢習慣，老公也會逐漸改善，但看久了實在沒辦法，只好告訴老公。由於話語中摻雜著過去這段時間的鬱悶，可能在老公耳中聽來像是指責，他說：「不知道也很正常啊，幹麼發脾氣？妳要親切地告訴我，我才會想做啊！」我竭力忍耐著，看著這個絲毫沒有改善的意志的人反覆犯相同的錯，一路忍到現在，壓抑了滿腔鬱悶，好不容易說出口，收到的卻是老公要求我更和藹可親的訂單。明明是你沒辦法把該做的事做好，卻要求好心提醒你的我付出情緒勞動，究竟憑什麼這麼理直氣壯?!

不知道並不是罪，但發現自己不知道，不是該努力去了解嗎？尤其當配偶因刻板的性別角色而必須揹負不當的家事勞動包袱時，就更應如此。對配偶的痛苦視而不見還如此理直氣壯：「如果妳態度親切地告知我，我會想試著做做看，不然我就不想做。我會不想做，都要怪妳生氣。」這種態度太卑劣了，不過是把自己不甘願做家事的心態歸咎於對方的藉口。

就算我按捺住自己的鬱悶，盡可能發揮親切，老公仍沒有太大的學習意志。必須我要他做他才做，而且只做我要求的事。在家事方面的進展格外緩慢，在老公無法做好自己的工作前，所有負擔都落在我頭上。所謂的家事勞動，就好像有一方偷懶，就會對另一方造成同等負擔的小組報告。在對家事漠不關心的老公面前，我很憤怒，也對允許這種現象發生的氛圍，意即容忍對家事勞動無知、毫無責任感的男性形象的文化，感到怒不可遏。

老公為什麼會把自己對家事勞動的責任與我的語氣連結，並以此為藉口？為什麼他不試圖透過多次嘗試來完成自己的義務，卻只是反覆做出不熟練的舉動？不知道工作是什麼就該學習，執行方式發生問題時就該改善，這不是當事人的角色嗎？工作講求效率，努力尋找更有效的方案，這不就是現代人嗎？

有一天在討論老公分擔家事時，我忍不住大吼：**「你對家事根本不具有主人意識！」**

雖然是無心脫口說出的話，可是說出來後，我發現這個說法精準地點破老公何以缺乏家事勞動的常識，對此漠不關心還找藉口的根本原因。因為他認為這些是「老婆叫我做的」，是為了幫老婆才做、只有這一刻才會做，不做也無妨，所以做出來的成果也就只有這樣。老公在公司絕對不可能用這種態度工作。若用公司來比喻，這等於是對業務一無所知，又缺乏學習意志，也不考慮同事感受的菜鳥。老公企圖把所有企畫和管理責任全部推給我，希望自己只被分配具體的任務。但老公不該忘記，我也是一名菜鳥，在身為家庭的組織成員，我們是一起共事的同事。

看不見女性的辛勞

我們的社會對女性說，有什麼樣的男人都是取決於女人，並利用無限的稱讚和認可，促使女人參與家事勞動，使女人陷入苦惱，努力研究各種激勵的方法，好讓老公能好好學習、執行家事勞動。可是有效的方法真的存在嗎？不，應該先問，有必要做到這一步嗎？就像孩子不吃飯時就得連哄帶騙，女人必須一邊拍拍老公的屁股，一邊把吸塵器拿給他到何時？因為擔心老公的心情太差，到最後把原本只是做做樣子的家事勞動都索性放棄，我們又必須戰戰兢兢到何時？

無論是負責教導或表現親切，消耗的都是女性的體力，受到稱讚的卻總是老公。老公在家裡能收到老婆的激勵，就連在外頭也是。從一教到十，打造出現在的老公的人是我，我的辛苦和能力卻沒有獲得認可，所有稱讚都給了老公。我的好友也是，她們雖然對我的痛苦感同身受，但在說出「好了不起」時，總是把「我老公」當成主詞放在前面。因為我老公比其他男人會做家事，就算做不好也願意嘗試，還有在教老公時，他沒有表現出煩躁，所有人以各種理由來稱讚我老公。

我並不是老公的管理者，我不想再聽到「至少妳叫老公做時，他還願意做」、

「當妳說自己很累時，他會聽妳的話」之類的話。聽從他人指示去做事並得到稱讚的人，無法說是和我一樣平起平坐的成人。再說了，老婆必須對老公說的「你好棒」，與對彼此說「辛苦了」的激勵或感謝說法相去甚遠。過度稱讚和認同老公的家事勞動，最後只意味著「謝謝你替我做了我的工作」罷了，這是無法擺脫「家事勞動是女性工作的性別歧視」的思考模式。

我們應該把做自己那一份家事勞動的男人視為理所當然。最重要的是，我認為傾聽配偶的意見，透過對話達成共識，努力改變行為，是決定共同組織家庭的成人必須具備的態度。我無法與用吊兒郎當的態度回應我的要求的人一起編織未來，也沒有信心能去愛一個對我的痛苦無感的自私之人。這個社會應該要稍微降低老公的等級，被稱為居家好男人的，其實只是一般的老公，被認為是一般老公的，實際上則是壞老公。社會在男性配偶身上套用的家事勞動參與度低標，應該要調得比現在更高才對。

累人的家事勞動

家事勞動總是堆積如山，是只要轉個身就會恢復原狀，稍微拖延就會瞬間多到完全不想做，沒有一刻能十全十美的事。對我來說就是這樣。雖然早晨穿上乾爽的貼身衣物時心情會很好，但當天晚上，原本讓人心情愉快的貼身衣物則成了要洗滌的衣物。享用煮好的美味料理時很開心，但當食物沒吃完的那一刻起，我就必須處理這世上最令人痛恨的廚餘。才清掉昨天使用的水杯，就又出現今天使用的水杯；才剛把馬桶刷乾淨，不消幾分鐘就又髒了。還有什麼事情比這些的維持時間更短的？家事勞動對我來說並不是成就感的來源，是終於清完了的安心感，是很快又髒掉的空虛感，還有工作絕對不會結束的壓力。我只能把它稱為吃飯、穿衣服、洗漱、睡覺時需要做的事，因為它是支撐我的人生的勞動。我所期望的，是所有人都能知道這有多累人。

分擔家事比家事勞動更折磨人。至今我仍懷疑，真有可能和平地分擔家事嗎？因為本來就有很多瑣碎的要素，加上總量難以估計，要分得很精準並不容易。加上家事勞動原本就是不做會顯露痕跡，做了卻會不留痕跡，所以會看不清對方到底做了什麼。

兩人住在一起，另一人卻不積極參與家事勞動，那麼我到底做了什麼，在上面消耗了多少體力，如何維持這個家的狀態，不做的人是不會知道的。既然沒有顯露問題，對家事勞動不感興趣的人就會產生錯覺，以為就算不做任何事，家也可以維持舒適愜意的狀態。假如家事勞動是屬於男人的工作，他們肯定會像做多數工作時那樣，快速分析如何做這件事、有多辛苦並加以分享，就算不從事家事勞動的人，也都能瞭解其苦衷。

相較於勞動量，家事分擔的壓力更多來自於不平衡感。即便是相同的勞動，做我自己的工作與做別人沒做的那一份，從心情上就不一樣。無論一方再怎麼強調自己有在分擔，天秤更重的那一邊都能神準感應到兩邊的不平衡。公平、公正的感覺傾斜時，心中就會開始出現一座又一座火山。當老婆用吸塵器吸地時，看到老公很專注地在打電動，只把雙腳抬起時會生氣的原因就在於此。這並不只是因為老公在打電動。同樣是下班回家，老公卻對走進廚房準備飯菜的老婆不聞不問，只會躺在電視前的沙發，這樣的老公是要怎麼愛他、尊重他？

為了取得平衡，必須先讓他熟悉才行。他必須做到位了，才能分擔家事。因此，分擔家事的解決方法就只有一個，就是各自負責專門的領域，這樣就會熟能生巧了。明確分工後，證實過去老公都是用混水摸魚的態度在做家事。專門負責一個領域後，老公逐漸領悟到，先前自己只負責部分工作時不需要在意的細節，正是家事勞動的核心。

舉例來說，老公對洗衣服的總量和處理它所需的勞動量有了具體感受。他會計算貼身衣物或替換毛巾用完的時機，計畫在哪一天的哪個時間點丟進洗衣機，根據待洗衣物的材質分類到什麼程度，甚至留意到選擇何種洗衣精和水溫等具體過程。就算他原本就知道，不是只要按下洗衣機的按鈕就等於洗完衣服，但如果沒有親自從頭到尾做過，就不會知道這準確需要耗費多少工夫。

我們就這樣平均負責各個領域，老公也慢慢對整體家事有了概念。親自負責後，老公在準備和預防上也花了心思。儘管品味、喜惡、熟練的時間、各領域的能力值都有程度上的差異，但老公並不是完全做不來的人。非得別人親切教導才能做到的人根本不存在，並不是因為沒有教他才做不到，只是不做才不知道，也因為他缺乏負責家事的想法，才會不見長進。

體驗到打造平等狀態的滋味後，接下來就輕鬆多了。如今雙方根據各自的情況所進行的勞動量、時間和領域都各不相同，但也不到非常痛苦的程度。因為兩人都很清楚家事勞動有多累人，所以當身體勞動不足時，至少會試著靠情緒勞動找到平衡。現在老公和我幾乎成了平起平坐的同事，也逐步找到合適的方法，但與其說是正解，更像是一個可行方案。現在就來介紹一下我們訂下的家事勞動規則：

①代替對方做討厭的家事。全部做過一輪後，我們發現各自都有喜歡與不喜歡的工作。我們把家事分得非常細，再分別負責其中自己比較不討厭的。我負責清掉浴室排水孔的髮絲，老公負責用清潔劑刷洗浴室地板；老公負責抖平洗好的衣物，我就負責晾在晾衣架上。

②可以一起做就一起做。有些事兩人一起做會輕鬆許多，不想做的心情也會大幅降低。

③盡可能同時做家事。我認為這是對於正在做共同工作的另一半的體恤。我們訂好規則，在一方做好前，另一人也要找各種事來做（找了一下發現，這叫作「One up, both up！」原則。[7]）

④最後，儘管根據情況會有所不同，但光是明確訂出這條規則就別具意義，那就是由我負責比較少的勞動量。女性對家事勞動的心理壓力更強烈，因此事先減輕女性所承受的物理負擔，原因之一也包括了女性很容易在不知不覺中從事更多勞動。儘管在我能理直氣壯地對老公主張這點之前，內心也隱約經歷了糾結和抗拒，但我認為這個方向很合理。對某人來說是好

意、做得不順利就能拖延的事，對某人來說卻成了義務。即便做相同的事，被視為理所當然的人，以及無論用何種方式都能獲得獎賞的人，立場自然不一樣。嚴格來說，就算物理上做等量的工作，實際上也不對等。

有些勞動依然只有我在做

偶爾我會對老公的衛生觀念產生疑問，在細數老公絕對不會做的家事清單時即是如此。換新浴室的擦手巾，換掉舊肥皂、整理裝滿袋子的垃圾、定期替換枕巾和被套，我所想的週期永遠比老公短。當我問老公為什麼不做時，就會得到「等更髒再換」的回答。雖然我自問是否自己的清潔標準比較嚴格，但想來想去都覺得怪怪的。

整理玄關的鞋子、訂購洗髮精或牙刷等生活必需品等，這些雞毛蒜皮確實很瑣碎，但假如因此放著不管，終究某人就必須頭頂著裝滿瑣碎小事的袋子走。假如對

7 意即「當一個起身，另一人也要站起來！」參考出處：韓國兩性平等教育振興院官方部落格，金恩熙，二〇一五．三．三。

方說：「這又沒什麼，誰來做還不都一樣？」我也只能頂回去：「既然沒什麼，那你為什麼不做？」

若要補充說明，上面的清單另外有個把瑣碎發揮到極致的工作，就是不忘記每次見到雙方母親時，把收到的配菜保鮮盒還給她們。就算已經清空的保鮮盒是由老公清洗，我也讓老公知道這次必須歸還，但假如我不親自收好，保鮮盒就絕對不會物歸原主。假如保鮮盒遲遲沒有收回，兩家的母親會認為是誰沒有盡到本分，這是老公依然不認為是自己工作的家事之一。家事本身就是隱形勞動，但其中還有隱形得更徹底的勞動。儘管有些家事勞動極為瑣碎，卻會讓女性一刻也不得歇息。

總之，我個人成功地達成了某種程度的家事分工。儘管是經過長時間在錯誤中學習才達成，至少算是相當接近公平的分工。不過我依然存有疑問：在我們家，我和老公算是很和平地分擔家事，但我從此就從家事勞動的不平等中解放了嗎？

屹立不搖的性別角色規範

「家事是女人的工作。」如今不會有人說這麼露骨的話了，不過，根據對象卻會有不同問法。對女人會問：「老公經常幫忙做家事嗎？」對男人則問：「老婆會替你準備早餐嗎？」看到獨居男子房間亂七八糟，或冷凍庫塞滿微波食品，大家會開玩笑要他趕快娶個老婆。相反的，女人會聽到類似的玩笑話，則是在她喜歡做菜、很會布置家裡或很會削水果時。

在韓國社會常見的對話中，將女性視為家事勞動的負責人。儘管這種想法很落伍，但它同時也反映了時代。根據統計廳的資料，認為妻子必須主導家事勞動的人超過半數，公平分擔家事的老公則只占十六．四%。[8] 表面上說現在是男女平等的時代，但性別歧視依然支配著社會。大家至今仍覺得「賢內助」很自然，「賢外助」很特別，夢想吃到老婆準備的熱騰騰早餐的男人則到處都是。為了追求公平的家事分工，主要都是女性在孤軍奮鬥，這個事實也顯示出家事勞動在誰的肩上，造成了沉重負擔。

要擺脫充滿歧視的傳統觀念，對我來說也不容易。我雖然點出了老公對家事的無知與漠不關心，又無法自然地接受老公做家事。我過度感到抱歉，又過度感激，老公做家事時的樣子為什麼如此惹人憐愛呢？「做家事的男人看起來很性感」原來

8 二〇一五年工作家庭並存指標。

就是這種意思啊。就算稱不上性感，我卻感覺到對他的愛有如湧泉噴發，而這種心情很自然地和罪惡感連結在一起。老公做完自己的工作後，隨時都能躺在沙發上滑手機，我卻沒辦法像他一樣。論起勞動量，我明明做得更多，但老公一個人做事時，我就會坐立不安，平白無故地找其他事來做。

婚後，因為我沒有從事薪資勞動，這種壓力更大了。我不確定自己有沒有資格要求家事分工，不斷進行自我審查。雖然我不至於認為，不從事薪資勞動就必須一手包辦家事勞動，卻無法全然擺脫「可是……」的想法。「可是妳在家的時間更長，不是該多做點嗎？」「可是老公在外頭工作回來已經夠累了，還要求他做家事，是不是太殘忍了？」戴著體諒面具的壓迫感勒緊了我。

薪資勞動者就有資格免於家事勞動？

配合各自的性向和情況區分領域，或時間和體力尚有餘裕的人多做一點，這種方式的勞動量雖然會稍有不同，但家事勞動基本上應該是住在同一個屋簷下的成員的共同責任。先不管自從開天闢地以來，女性的雙手就不曾離開過生產勞動，再生產勞動[9]不僅沒有休假也無法退休，加上社會沒有正式的價值評價，就可以得知男人負責薪資勞動、女人負責家事勞動的傳統絕對不是公平的。這並不是當事者取得共識，而很顯然是由性別角色與歧視所造成的不平衡。假如和他人住在一起，勞動量卻比一個人住時少，就等於是在壓榨他人。

家事勞動與薪資勞動不同的命題，似乎由男性站在對自己有利的位置上詮釋。檢視二〇一四年由統計廳所發表的統計資料，就可得知夫妻的家事分工上，薪資勞動的有無對男性來說無足輕重。因為當一個家庭中只有丈夫一人賺錢時，丈夫的家事勞動時間為四十六分鐘，雙薪時則為四十一分鐘，幾乎沒有任何差別。就連家中只有妻子一人賺錢時，丈夫的家事勞動也僅為一小時三十九分，妻子則為兩小時三十九分。妻子獨自賺錢，還要做更多家事，看到這種令人氣結的統計，就可得知把薪資勞動視為減少家事勞動的理由有多不合理。順帶一提，在雙薪家庭中，妻子的家事勞動時間為三小時十三分，而家中只有丈夫一人賺錢時，則高達六小時。

9 指維持家庭、社會正常運作的家務勞動，如照顧小孩、做家事等，這些勞動通常為不支薪，且多半由女性負擔。

男性以從事薪資勞動、自己不懂為藉口、老婆做得比自己快為藉口，試圖在家事勞動中多次脫身，又把自己竭力逃避的工作貶低為瑣碎、毫無價值的事，這讓我感到荒謬。當我吐露做家事很辛苦時，一位中年男性卻對我說：「妳有做什麼事？」少了我做的工作，每天早上怎麼會有乾淨襪子穿，垃圾怎麼會被裝進專用垃圾袋丟掉，洗手間空的衛生紙捲筒又是怎麼換成新的？全職主婦在家玩樂，寄生於丈夫賺回家的錢，這種以仇視為基礎的思維，完全不認可家事勞動在經濟、實際層面和公共方面的價值，以致勞動價值被大打折扣。

必須由整個社會帶頭改變

即便現在我們家的家事分工達到物理上的公平，我也不能徹底安心。這並不是結束，而是開始。「家事終究都是女人的責任」的社會傳統觀念必須改變才行。我們必須針對意識上否定，卻因此更難改變、被默許的刻板印象提出質疑。社會必須達成協議，每個經營生活的成人，都必須負起一人份的家事勞動並徹底執行。

當勞工無法進行罷工，使用者就不會心生畏懼。倘若今日社會的家事勞動者為女性，使用者就是男性。儘管無論是女性的無薪家事勞動或不均等的家事分工，社會上都逐漸形成討論的風氣，但實質的變化不會輕易到來。假如社會像現在一樣無視家事勞動的各種價值，男人負責工作、女人負責家庭（從各方面來看，這樣的說法都不對，家事勞動也是一項工作），這種陳舊的歧視意識存在的一天，女性擺脫家事勞動壓迫的選擇就只有罷工。

因為是女兒，因為是媳婦

當我說，根據我和老公的協議，這次過節不是回婆家，而是輪到回娘家時，媽媽的回答是：「哎喲，算了啦。」意思是要我像平常一樣先回婆家。在過節當天，比婆家先看到我的臉，會讓媽媽渾身不自在，這是從「生下女兒的罪人」意識延伸而來。在已經習慣傾斜的世界中試圖尋找平衡，媽媽對這樣的嘗試感到生疏，也因生疏而不自在。

改成過節時輪流拜訪兩家的規則，是為了打造平等的夫妻關係的努力，也是我們夫妻對父權制的抵抗，它超越了過節當天早上和哪個家族一起過的實際效果，是一種追求性別平等的象徵性行動。

但是，對於不遵循傳統觀念感到很不自在的爸媽，卻認為這是標新立異的女兒的自私想法。上次先拜訪婆家，這次就先拜訪娘家的作法，就連我父母也不樂見其成，只被視為像小孩子般，要求非得用刀子把所有東西分成一半。

聽到我不考慮生小孩，爸爸嘆口氣：「那怎麼辦？這樣對親家太抱歉了。」把我視為「替婆家生孩子的人」的不是其他人，而是我爸爸。假如我哥說不生小孩，爸爸會說這樣對媳婦的父母是天大的不孝，無顏見他們，在他們面前抬不起頭嗎？認為我的小孩隸屬於婆家的爸爸，真的把我的孩子和哥哥的孩子放在相同的天秤上嗎？關於女兒和兒子、女兒和女婿、女兒生的孫子與兒子生的孫子，帶有歧視的視角也在娘家根深蒂固。

父母一生順從體制，壓迫女兒符合父權制的框架也很理所當然。偶爾會聽到一些指責父母雙重標準的例子，像是明明自己對媳婦有差別待遇，但當女兒在婆家受到差別待遇時，就會怒不可遏。我反而還比較羨慕這種自私自利的父母的雙重標準，我那從頭到尾都遵循父權制的父母，就連自家女兒都非得把她關進媳婦的角色中。見到我時，他們會把身為媳婦、妻子的身分看得比女兒重要。在父權制框架中，女兒就連在父母面前都很難被視為完整的個體，得到尊重。

就算不想在過節的現場看到明目張膽的女性壓迫行為，又無法丟下承擔所有勞動的媽媽獨自脫身，只能乖乖守在位置上參與勞動的人，就是身為女兒的我。可是直到結婚後我才深切體會，這個家的真正主人，是當廚房忙碌奔波時，毫無罪惡感地躺在房間或晃來晃去，最後在備好的祭祀桌前行禮斟酒的兒子，也就是我哥。

哥哥婚後依然是我父母的兒子，這點依舊沒變，我卻成了公婆的媳婦。由於我是「和心愛的人組成家庭的女性」，我在原生家族的排行就被擠下去了。我的排行還可以被排到多後面呢？聽說舉辦父母的告別式時，假如沒有哥哥或弟弟，我老公就會變成喪主。要是沒有我，女婿就只是毫不相干的陌生人，卻只因為他是男人就把我排除在外，成為我父母的喪主。身在被兒子擠下的女兒，被女婿擠下的女兒，被所有男性擠下的女性，我在家中究竟具有什麼權利？

提到過節的行程、結婚的金錢支援和遺產分配時，女兒的存在都不會被擺在前面，但是提到奉養父母、照顧勞動、情緒勞動時，卻是第一個被唱名的。說到權利時被擠到後面的女兒，說到義務時卻被視為優先順位。媽媽不會向兒子訴苦，只會向女兒宣洩情緒，並說：「除了妳，我還能上哪去講這些話？」相較於父母住院後，很少到醫院探病的兒子，女兒會受到更苛刻的評價。為了照護患者，擁有妻子、女兒、媳婦、妹妹等名字的女性坐滿了病房，也成為習以為常的風景。

說起強調女兒應做到的道理或被交付的課題等，就會產生一種奇妙的既視感。因為我是婆家的媳婦，所以必須張羅家族活動，但我在娘家又是女兒，所以又要在旁協助活動。記住日期、訂好見面的行程、準備禮物，被看作是女兒和媳婦的工作，而不是兒子和女婿的工作。女性既是這個家的女兒，又是那個家的媳婦，因此被賦予了雙重勞動，這是為了填補男性抽身所留下的位置。擁有很少的權利卻充滿義務的女性地位，無論是媳婦、女兒或妻子，本質都沒有改變。

婚後的我對父母來說，成了順位在後的子女。那麼當我去了過節時理當必須先去拜訪的婆家後，又成了何種存在？無論到哪裡，我都不是第一順位。

妳老公怎麼說？

原本我和老公計畫一起留學，後來喊卡。當我說自己在考慮總有一天要再去留學，但老公想在這裡創業時，第一次收到「那妳沒辦法去留學了耶」的反應。我在對話中迷失了方向，當老公有想在韓國做的事時，我就會陷入無法去留學的處境，其中存在著我的居住地不能和老公分開，老公的計畫優先於我的計畫的前提。

認為女性就該隨著丈夫的學業或工作到人生地不熟的地方，認為女性的職業隨時都能改變、也能輕易中斷的想法；就算無依無靠，也必須把人生基地移到陌生之地，在那裡經營新生活與關係的包袱，主要都加諸在女性身上。

婚後，和熟人聊天時，老公開始有了很大的存在感。當我說起關於前途的事，他們卻很好奇我老公的意見。提起老公的計畫時，他們也很理所當然地把我的未來放在裡頭，我和老公暫時分隔兩地，或老公跟隨我的選擇的選項並不存在。也因此，偶爾遇見把我的職涯和老公獨立分開來看的貴人時，我就會高興得想給對方一個大大的擁抱。

把老公視為同伴來尊重，彼此協議並做出決定，以及妻子不需要無條件追隨丈夫，這完全是兩碼子事，試圖指責我的人卻刻意將兩者混為一談。他們主張，我和老公分開行動、考慮選擇自己的路，這是無視老公的存在或令他變得不幸。我只不過是希望就像世界獨立看待老公的職涯，我的職涯也能得到同等尊重，我的欲望卻只被視為貪心。

在苦惱要不要生孩子時，大家問我為什麼這樣想，不擔心老了怎麼辦、不怕孤單嗎？不覺得錯過成長與喜悅很可惜嗎？聽到我的所有回答後，他們依然不減狐疑的神色，最後像是終於按捺不住地問：「那妳老公怎麼說？」當我說我和老公已經充分溝通也達成共識，剛才我說的話多半是我們的結論時，大家才稍微緩和，但依然鍥而不捨地追問，直到最後聽到我說老公「反而」比我更堅定，這場對話才能真正畫下句點。就好像不生孩子這件事，老公的意見比我更重要，老公有決定權，必須有老公的允許整件事才說得過去。「不是雙方達成共識，而是老公允許」的語感，用一種極為巧妙的方式傳達出來。

聽到我說考慮把頭髮染成紅色，父母開玩笑地說很擔心我，這時旁邊有人開口：「老公都說沒關係了，父母還能說什麼？」婚後，老公好像公然成為我的主人。能決定我的髮色的人不是父母，也不是老公，而是我自己！社會究竟何時才能對這點達成共識？

都結婚了，為什麼還要上班？

在父權制社會中，女性的勞動能夠很輕易被抹去。就算有女性坐在我旁邊的辦公桌，有女性進入會議室，在我們的傳統觀念裡，女性都不是負責維持生計的人。相較於薪資勞動，父權制社會中賦予女性的家事、照顧、育兒勞動皆受到低度評價，即便在薪資勞動市場，女性的勞動向來也遭受冷落。我們能看見男性的大樓警衛，卻不見女性的清掃阿姨，看到工地現場有男性工人時，我們覺得很自然，卻把女性工人塗水泥、上油漆的模樣視為不存在。因此，就算有女性勞工在餐廳從事辛苦的勞動、搬運搬家行李、操作挖土機，對於只有男性才能從事高強度身體勞動的社會扭曲認知，鬱憤的情緒逐漸累積。看不見女性的勞動，也就無法期待會獲得尊重。

如果我搬到離公司很遠的地方，「那就得辭掉工作了啊。」公婆非常輕易地就替我的職涯下了決定，彷彿這是很天經地義的事。我賺的錢被視為我們家的副收入，這與婆婆長年過著雙薪生活，卻不曾成為獨立經濟主體是相同的。他們對我的職業不怎麼感興趣，對公婆來說，我的資歷、想法、未來計畫都不重要。對公婆來說，**重要的只有與我的媳婦角色相關的一切——健康、懷孕的可能性、外貌、開銷、當個賢內助**。

和婆家碰面時，話題主要都圍繞在老公的工作上。他經手什麼業務、同事如何、收入多少、公司的發展潛力，甚至是短期與長期的職涯計畫，公婆對老公的職業懷抱莫大好奇。相反的，輪到我時，收到的問題就只有一個。無論過了多久、見多少次面也完全沒變。「最近天氣很熱／很冷／下了很多雨雪／空氣品質很差，上下班不覺得辛苦嗎？」雖然很感謝公婆擔心我，但我依然沒辦法全然地心懷感激。在我的職業中，重要的不是只有上下班。別老在無關緊要的話題打轉，我也想像老公一樣談論工作的特性、意義和難處，公婆卻不怎麼好奇。

相反的，老公也會從我的父母口中聽到有關職業的關鍵問題。我的父母清楚知道老公的職業、職責和業務是什麼，因此，無論是見公婆還是我父母，我都必須經歷老公的工作明顯獲得更多關注的情況。兩家父母並不把我和老公的職業看作是平起平坐，無論職業是何種型態，被認定為不會中斷工作的人和隨時都能中斷工作的人，兩者的工作絕對無法享有同等地位。

我也希望勞動能被認可為身分認同的重要一環，想被當成真正的職場人士。即便我在家從事再生產勞動，我也不是真正的職場人士，就算我在外頭從事生產勞動，我也不是真正的職場人士。無論是婚前、生育前或孩子長大前，我的職業都只被視為臨時的工作，我感到憤怒與無力，這比其他任何歧視都更令我悲傷。前途向來是我人生的核心，我花了許多時間去了解自己擅長、不擅長、喜歡與討厭的工作，也為了追求理想的工作，不斷在錯誤中學習，累積經驗。我並不是要求他們必須完全了解那些時光與心情，不過是希望能與坐在我身旁、我認為與我平等的老公，獲得同樣的尊重，至少不要因為我是女人就輕忽了我的職業。

無論其個人野心或環境，女性均被視為隨時能辭掉工作的潛在離職者。如果女性是未婚，工作就是臨時的、出自興趣、為了自我實現，以及擁有工作對結婚比較有利。如果是已婚，工作就又成為臨時的，是為了多一份家庭收入、補貼孩子的點心費和補習費、賺零用錢。更惡意的說法，則會被說是對工作太有野心、自私（女人應該要做家事、照顧家庭、育兒，卻不把精力投注在那些事情上跑去工作。因為工作不是女人的本分，所以變成是為了自己），無論是職場人士或勞工，皆無法成為女性主要的身分。

婚後在新進的公司中，有人問我：「妳都結婚了，為什麼還要進來呢？」當下我啞口無言，不知該如何用不傷感情的說法，去指責這個問題的前提本身就錯了。換作現在，我會試著進行模擬，盡可能以沒有感情起伏的語氣反問對方：結婚和求職有什麼關係？當時我卻語塞了，沒有完整地回答問題，只說自己想做這份工作是發自真心的。假如同事的問題是：「為什麼進來這裡？」當時的我就能大談闊論，可是同事好奇的不是這個。

女性無法被認可為家長或生計撫養者，並不是因為女性並非實際的家長，而是因為男性不願放下生計撫養者的頭銜。看到有些男性獨自賺錢養家就喊累，但是等老婆也去外頭工作時，又對自己該負責多少家事、育兒和照顧勞動毫不關心，我就覺得無論單薪或雙薪，他們似乎都只對以生計撫養者的姿態往自己臉上貼金和得到安慰感興趣。

對女人來說是個好職業

經歷小學、國中、高中到大學教育，我都存有「女性和男性是公平競爭」的幻想。不，我連女性和男性公平競爭的命題本身都沒意識到，因為這件事天經地義。揹著相同的書，聽同一個老師講課，參加相同的考試，我只認為女性和男性是同事、是前後輩和朋友。我也同樣不知道，身為女人這點會如此左右我的人生。社會始終在暗地裡拋出訊息。

「對女人來說很好的職業」，如今回頭檢視這個說法，才明白它是一個強烈的暗示：那指的是能夠準時下班、有育嬰假，所以可以分出時間做家事和養育孩子。又能保障女性能工作到退休年齡，每月都能固定領到薪水，卻又不會因為賺太多錢而打擊到丈夫自尊。換句話說，它的精準定義並不是「對女人好」的職業，而是「方便要求女人同時身兼照顧勞動與薪資勞動」的職業。

大學上財務管理課時，教授勉勵我們：「有很多女同學準備會計師考試。」原因在於工作時間寬裕，休息一段期間後重返職場也很容易，是很適合女人從事的職業。儘管那個學期我正在修女性學概論，學習性別平等知識，我卻完全沒有意識到上述發言的問題點，更沒想到這等於是教授帶著「你們什麼都辦得到」的眼神，將我們關在限制之中。

可是隔週上女性學概論，就在我們以日常生活中的性別歧視為題進行討論時，有位同學好像和我修了同一門財務管理課，針對上述發言提出了問題，接著，教授和同學便紛紛譴責這是顯而易見的性別歧視言論。

那一刻，我為了自己聽到性別歧視言論時，還心想著：「啊，是哦？……」並認同它而受到第一次衝擊。聽著眾人的批判，卻依然不懂這句話為什麼性別歧視，則讓我受到二次衝擊。我的內心似乎是覺得，「這番發言是很實際的建議，是財務管理教授為女同學著想才說的話啊。」因為會計師算是社會地位與收入都不錯的職業，才更容易讓人掉入陷阱。

現在回頭去看，該名教授的發言為女性的職業選擇設下了限制，也阻止了女性自由發揮。他的意思是要我們以能夠徹底執行女性義務為基準，而不是以我們的擅長或喜好來選擇職業。這並不是為女性著想的建議，而是為了從女性的雙重勞動得利的人——男性——所做的操縱手段。「教師或公務員等穩定職業（經客觀考試合格後任職、上下班時間固定、保障退休年齡等）很好」，從現實層面來說確實沒錯，只是為什麼這些職業唯獨強調對女性很好？這類傾斜不對等的現實，卻不作他想地宣導「對女人來說很好的職業」，等於是使根深蒂固的性別歧視更加穩固。

請結婚吧，請懷孕吧，請走人吧

結婚與懷孕是對女性與男性的職場生活造成兩種極端影響的事件。當男性結婚、配偶懷孕後，組織對待男性就會突然像是他們產生了責任感，工作能力也跟著提升似的。組織會說男性的肩膀變重了，給予高績效考核並讓其坐上高位。相反的，同樣情況發生在女性身上，就會被視為對組織造成莫大麻煩的存在及工作能力低落的人。休完育嬰假回來，放棄升遷和績效考核也被視為默許的規則。組織會以女性不是家長為由，要女性將成果讓給男性或慫恿女性犧牲。女性和男性生活的世界，差異大到令人難以想像。

不久前我和一位工作勤奮也很有能力、升到「代理」職位的朋友見面，聊了有關未來的煩惱。朋友說，雖然對目前的工作很滿意，但曾考慮跳槽到規模較大、又能發揮各種能力的業界龍頭企業，只是最後仍打消了念頭。「我計畫明年初懷孕，如果現在跳槽，等於上班沒幾個月就懷孕，等於是自尋死路。」不需朋友再多說什麼，我就自動點了點頭，心中卻非常不是滋味。

女性懷孕會對職業造成致命影響，這就是今日的現實。女性在面試時，男友、結婚或懷孕計畫的有無成了主要問題，即便法律[10]都已明文規定，聘用時不得以結婚與懷孕為由進行差別對待。甚至還有人在攻讀博士學位時，得向教授保證在多久時間內不會懷孕。

在女性的人生中，結婚、懷孕、生育、育兒等階段取代了她們的工作，但結婚、懷孕、生育、育兒沒有因此被認可為資歷。作職涯規畫時，想必沒有一位女性不需要考慮結婚、懷孕、生育與育兒的有無及時機。對男性來說，結婚與育兒是與工作分開運作的，對女性卻不是如此。它是嚴重威脅工作的要素，有時比起工作，更是女性獲得社會認可的課題。女性的工作不順遂，於是靠結婚逃避現實的狀況，也是出於相同脈絡。即便具備相同資格，卻無法保障女性獲得和男性同等的穩定工作或足夠的年薪。

10 南韓的「僱傭政策基本法」第七條規定，業主在招募、聘用員工時，不得在無合理原因下，以性別、信仰、年齡、身體條件、社會身分、出生地區、學歷、畢業學校、結婚與懷孕或病歷等為由（以下稱「性別等」）進行歧視，且必須保障每個人擁有均等的求職機會。

剛開始提供女性的機會和薪資就比較少，而結婚或懷孕又使女性在公共領域的地位更不穩定。南陽乳業把結婚的女性員工降為契約職，懷孕後又慫恿其離職的案例雖然極端，卻很典型。一旦因為結婚、懷孕中斷資歷，未來職涯就很可能更趨惡化。

這是永無止境的惡性循環。「家事、照顧、幼兒勞動是女性的責任」的性別刻板印象，導致女性被視為隨時可能離職的人，公司也因此較少僱用女性或讓女性升遷。在以「再生產勞動是女性的責任，有人在家替男性從事再生產勞動」為前提，派男性加班或出差的公司裡，女性就更無立足之地了。因為升遷機會和薪資都比較低，當家庭內有人必須辭掉工作時，女性就會成為比男性更容易辭掉工作的人。女性就這樣逐漸在公共領域中被擠掉，無法得到應有的待遇，被驅逐到家庭。而其在家庭內的勞動又無法獲得適當的價值評價，在這樣的社會中，女性很容易在經濟上依附男性。

社會如此強調女性要結婚生育，要是沒有做到，就無法成為真正的大人，甚至指責女性不愛國。可是，當女性實際執行後，卻為自己帶來不利。大部分包袱都被加諸在女性個人身上，國家與企業不用付出任何努力改善女性的處境，只會一如既往地壓迫、要求女性。

導致結婚或生育變成「民害」的不是個人，而是社會。組織把應盡的責任轉嫁給成員，更歸咎為是成員個人的問題，把成員打造成「帶來民害之人」。組織非但沒有具備需要適當體恤的認知或防止歧視的系統，反而以尚未發生的結婚與生育為藉口，導致女性從求職就開始蒙受損失。停職期間不找替代人力，或不認同育兒時的緊急狀況等，最終導致個人人仰馬翻，只能說整個社會一直都以有組織的、縝密的方式在剷除女性。

身為女人，無論做出何種行動，似乎都無可避免被貼上自私的標籤。女性生完孩子後繼續工作是自私，但不生孩子、專注在工作上也是自私；當全職家庭主婦，用老公賺的錢吃喝玩樂是自私，不結婚也會變成自私的人。女性的人生，是無論做出何種選擇都會遭到指責，所有選項都是一種懲罰的人生。

4

Chapter

嚴正拒絕現今的婚姻樣貌

絕對不能質疑「家庭」

「婚姻」被眾多溫柔多情的形容詞包裹得嚴密緊實，被配偶、父母、兄弟姐妹等我所深愛的人、我所選擇的人，這種龐大且神聖不可侵犯的私人關係緊緊綑綁在一起。結婚是世上最美麗幸福的事，而家人也（必須是）世上最溫暖珍貴的存在，因此嘗試褪去其包裝的行為，隨即會受到泯滅人性、冷血無情的指責。

就算以冰冷理性的話語層層解剖婚姻與家人的本質，發現那句話的確屬實，仍會引起本能的排斥感。試圖揭開厚重帷幕的瞬間，就會碰上強烈的反駁。被每天見面、比誰都親近、無法認定是陌生人的人批判，絕不是件易事。為了不去憎恨，我們時而必須閉上雙眼。見到他人批判自身的婚姻和家人時，大家都會感到不自在，但要是那個人批判的是自己的家人，就更無法忍受。有時，當家人遭到批判，還會覺得是自己遭到攻擊而崩潰。

因為不想看著手指的方向，所以怪罪指引方向的無辜手指。人們不會認為批判婚姻之人的主張客觀合理，反而會覺得他是愛發牢騷的悲觀主義者，不懂愛情為何物，不具備禮讓與犧牲的美德，不懂事又自私，度量狹小、活在自己世界……怪罪手指並剷除訊息的語言多到不可勝數。

因此，吐露結婚制度引起的痛苦變得非常棘手。未將婚姻制度和婚姻生活區分開來，對結構的批判，會被視為是針對個人的攻擊。儘管提到婚姻制度時，要把其中涉及的所有人分開來看是不可能的，它必然會和批判個人牽扯在一起。說出父權制的不合理，與我愛老公並不相違背，但必須將兩者分開說明讓我身心俱疲。並不是因為我愛老公，我就不會感到痛苦。愛與幸福與被囚禁在父權制中是兩碼事。這並不只是老公和公婆的問題，但也不意味著他們個人本身就沒問題。老公以在韓國當了一輩子男性所習得的特性來折磨我，雖然我能理解他以往是這麼學的，卻無法替他的行為辯解。不知道我要像這樣一字一句地補充說明到什麼時候？

名為「情義」的帷幕越是厚重，女性在其中所受的痛苦就越難獲得正當性。這也不禁令人懷疑，以「情義」的價值鞏固婚姻與家人的行為，是為了堵住女性的嘴。女性在婚姻與家庭內吃盡各種苦頭的敘事，幾乎已等同國民運動般被持續拿來消費。這個社會把女性的痛苦當成娛樂消遣拿來大肆展示，並樂在其中。女性的痛苦走向極限的同時，所帶來的刺激感也相形擴大。與此同時，社會又默默拋出訊息：不必受到這等煎熬的女性是非常幸運的，妳們要滿足、順從現狀，卻沒有想過要從根本消除女性所受的痛苦。

這個社會不想看到的不是衝突，而是批判衝突的女性。它害怕的不是女性的痛苦，而是號召解決女性痛苦的聲音。它只強調忽視名為女性的個人，藉由女性的忍受來維持群體的和平，同時採取欺瞞的態度，彷彿女性的犧牲是一種高尚的美德。

也因此，經歷千辛萬苦的婆家生活後，依然想在父權制尋找幸福的女性敘事是非常有害的。即便結局總會看到大家和樂融融的模樣，但在所有人都笑容滿面的全家福照片中，早已決定好誰必須忍耐，誰又必須犧牲。它只展示了婆家生活的樣貌，卻沒人詢問為何女性一開始必須經歷艱辛的婆家生活。

善待女性的婚姻並不存在

角色扮演

那是我二十幾歲時發生的事。交男友前，我就算喝完酒也能清醒地獨自回到家，可是交了男友後，我卻開始習慣依賴他。明知他在學校準備考試，但酒席結束後，我卻醉到朋友非得替我叫男友來不可的程度，導致他必須氣喘吁吁地跑來找我。

他認為護送酒醉的我回家是一種保護我的行為，我也覺得自己被呵護著。我們扮演著「女性要受到男性保護才算是被愛，而我也必須照顧男性來表達對他的愛」的角色扮演之中。我在某種程度上忠於自己的角色，也在某種程度上享受其中。

但戀愛並不是只有開心的角色扮演，當男友結交新的女性友人，我就會感到不安並有所防備。多年的老朋友不可能突然迸出火花，而且即便有她們的存在，男友還是選擇了我，所以我大可放心，只不過男友和新認識的女生可能會墜入愛河，因此當時的我認為必須提防她們。

所以，當男友在新任職的公司中遇到志同道合的朋友，說要去旅行三天兩夜時，我非常不高興。平常最重視個人自由意志與喜好的我，卻企圖限制他的行動。

我希望他別去，卻發現他不願乖乖順從我時，我的情緒從忌妒轉為憤怒。我認為他不尊重我，我都這麼排斥了，他還堅持要去，就更確定其中必有值得我擔憂的理由。經過一番長談，他說難得遇上了志同道合的朋友很開心，不想在團體活動中缺席，我這才理解他一反常態的堅決。儘管如此，我仍不願完全屈服，最後只讓他去了兩天一夜。

回想當時的我，覺得自己好陌生，那個人好像不是我。當時的忌妒心之強烈，簡直就像是被什麼附身了，和現在相比好有衝突感。現在的我非常開心老公要去見女性友人，而且比他和男性友人碰面更樂見。我希望老公能和許多女性見面，聽聽她們的故事，期待他能和女性友人度過一段有意義的時光。老公見過她們之後回來跟我分享的故事很有趣，我很喜歡。和過去相比，我有了一百八十度的轉變，甚至忍不住懷疑，過去那個忌妒心強的人真的是我嗎？

說到愛情，我認為，假如老公在和各種人打交道的過程中和某人墜入愛河，也不是我能掌控的事。我並不是死心了，也許這是因為我沒有經歷分手，才能說出這番天真的話，但我怎麼想都覺得這非我能作主。假如他在這個過程中欺瞞了我，那又是另一個問題——老公和我之間的信賴問題。撇開和他分手或他不再愛我所帶來的悲傷，我並不認為老公的戀情是我能阻止或應該阻止的事。我不該把力氣耗在戒備可能會發生的假想關係，而應該在當下好好經營我們的關係。

浪漫、戀情或性愛的方式，有多少是根據社會所打造的？什麼是愛、什麼是得到愛，我們又是如何建構、打造的呢？我們要被定義好的規範，束縛到什麼程度？

戀情的退場

想像一下，你走在路上，然後佇足在一家氣氛極為浪漫的高級餐廳前，玻璃窗內有兩個人面對面在用餐。他們穿著乾淨體面，挺直腰桿地坐著，兩人的目光都集中在彼此身上。若以兩人有感情關係為前提，你會設想他們是結婚的夫妻、戀愛中的情侶，還是透過介紹初次見面的人？相較於結婚的夫妻，情侶應該比較高吧？而相較於情侶，透過介紹初次見面的機率又更高了些。

曾經在戀愛的角色扮演中比重最高的浪漫橋段默默地退場了，因為在結婚的角色扮演中，浪漫橋段再也不重要。關於擁有浪漫的時光只限定於戀愛或戀愛初期這點，我怎麼想都覺得奇怪，如果浪漫終究會消逝，那應該停止把浪漫和結婚做連結才對啊。再稍微仔細觀察上面這對正在享用晚餐的兩人，可以合理推測預約餐廳的人是男生。只有在戀愛期間才想方設法讓女生開心的規範也非常奇怪。男人究竟對婚前的女人期待什麼，婚後又期待什麼？

當兩人結婚後，「家」這個單位也於焉誕生。在儒教文化根深蒂固的韓國社會中，家受到強大的力量保護，且以家為中心，道理、規範、角色、習俗等道德上優越的價值產生，圍繞著結婚的男女。柔情似水的浪漫失去了立足之地。當男性積極在婚姻關係中延續與妻子的浪漫，就會被稱為顧家好男人、愛妻的男人、傻子，而嚮往浪漫的女性則被分類為少女、公主、不懂事的人（比男性略為負面的語氣）。「到現在還像情侶的夫妻」，這句話充分顯示了浪漫在婚後有多麼被視如敝屣。

戀愛開花結果就等於結婚，可是實際結婚後，延續戀愛的感覺卻變得不自然，這究竟是怎樣？「想和心愛的人廝守所以結婚」的觀念，難道只是引誘大家走入婚姻的伎倆嗎？結婚是浪漫的完成式，如今成了浪漫走向終點、去扮演其他角色的意思。引領我們走向婚姻的溫暖、柔情的價值再也不重要，並由義務取而代之的過程，令我混亂不已。

就算不是所有人都是如此

說起我的婚姻生活，有人會這麼說：「什麼？現在還有這種婆家嗎？」也有人會說：「妳算是運氣很好呢，老公又善良，妳遇到了好婆家。」我最討厭的反應則是這種：「我認識某對夫妻啊，反而是老公被歧視，被要求身為老公就該做這，身為女婿就應該做那，所以男人也很累，男人也很不幸……」

小學時，我穿著T恤、牛仔褲要去補習班，走上商店街的階梯時，卻被某個男生的鹹豬手摸了一把，這種經驗並不是所有女生都碰過，但我們難道就可以說男性對女性施加性暴力的文化就不存在嗎？不是的，我們必須正視由無數個案共同形成的現象，暴力的現象。

同理，不曾有過壓迫經驗的已婚女性，也無法證明父權制不存在。儘管如此，檯面上卻很容易把婚姻制度和父權制造成的問題視為個別的問題。「不是所有丈夫都是那樣，妻子反過來控制丈夫的情況也不少，有些婆家因為媳婦吃了很多苦，結婚對男人來說也很辛苦，最近的媳婦才是主人，是妳遇上了奇怪的婆家。」

「就是啊，為什麼跟那種人結婚？怎麼傻傻地就結婚了？」

究竟要把婚姻視為私領域到何時？要以每個人的狀況和取向都不同為由，一律都視為「Case by Case」，把所有婚姻的共同主題藏在帷幕後面到何時？

普遍性並不代表所有人皆有相同經驗，可是唯獨提到婚姻時，大家卻開始裝蒜。那些不想承認父權制隨處可見的人，究竟是不願看到什麼？有女性在婚姻中過得幸福美滿，不代表今日的婚姻樣貌對女性來說是友善的制度。在韓國社會、在父權制中沒有自由的婚姻，只要不擺脫父權制的角色扮演，就不可能存在對女性友善的婚姻。

難道只能忍氣吞聲？

好想跳過這個月和婆家見面的日子。要配合彼此的行程就夠難了，想把這個月的份延到下個月的想法不斷探出頭來誘惑我。上個月正好是在月底見面，而下個月初有節日，所以就算跳過這次，也只有約四十天的間隔。反正從現在開始再過十天就會又見面了，所以我在考慮這個月跳過，下個月見面再用其他方式補償。

但老公嘗試和婆家溝通我的要求時，頻頻碰上難關，沒有理由也沒有名分，就要跳過預定的見面行程，這讓公婆很難接受。後來老公略顯疲態地說：「一個月見一次面是大家一起說好、訂下的原則，如果沒有特別理由，遵守原則不是比較好嗎？」我的腦袋頓時像被狠狠敲了一記，隨即確定了這個月定期聚會的日期，接著我心想，也許該檢討原則的時機點到了。

碰上一個月一次的定期聚會時，我總是有些七上八下的出門。上次聚會一片和樂融融，不代表這次我就能鬆懈，畢竟不知道今天又會有什麼炸彈從天而降。公婆可能會突然對我說出奇怪的話、提出奇怪的要求，或做出奇怪的舉動。他們不當一回事說出的話，對我來說是炸彈，帶著稱讚說的話，對我成了一種侮辱，他們理所當然提出的要求，則勒住了我的頸項。我隨時可能被突襲，對方卻毫無攻擊意圖，導致問題很難解決。

碰到這種時候，我就會大口吸氣，接著露出尷尬的笑容，或面無表情的撲克臉。我曾試著拐個彎說明，也曾直接表達意見；曾試著簡短有力的說，也曾好聲好氣地解釋一大串，甚至也試過沉默，但無論哪一種都沒效。知道自己無法控制他們後，我曾試著滿足於控制自己，但無論我怎麼做都無法阻止炸彈掉下來。和婆家見面的場合，時時藏著危險。

我真的只能試著忍耐嗎？也許認為這種事可以負荷的人並不是我自己。如今我只會一個月見一次公婆，也不打問候電話了。因為交流次數要比平均來得少（假如有所謂平均次數的話），所以比起剛開始公婆來來回回的要求，算是輕鬆許多，我也安撫自己，任誰看了都會覺得這樣的條件很不錯，一個月花三小時左右是能忍受的，算是很輕鬆了。即便實際上感到吃力，我仍試著相信，都到這一步了，我應該讓步、付出努力、必須ＯＫ不可，有時只要如此相信，就會比較自在。

可是，我卻發現了自己真正的心思，發現不舒服的心情，正被壓在意識底下忍耐著。

相較於傻傻的什麼都不知道，所以過得很幸福，我屬於選擇知道真相後變得不幸的人。我必須制定其他對策才行。也許我又得經歷漫長艱辛的討論、協商和協議。但我必須先問自己，我能承受到什麼程度？不，是我想承受到哪裡？然而，這是非承受不可的嗎？

我的媳婦年節新方案

很久以前，我就夢想能過一個每個人都能幸福快樂的節日，因為我經歷的節日，就是女性為了親人無止盡勞動的日子。儘管我曾提出各種提議，試圖改變這種家族文化，剛開始好像奏效，但很快就又故態復萌，快速回歸大家熟悉的既有方式。所有人都幸福快樂的節日，對我來說並不只是出於義務，而是實際上真的想達成的目標。儘管身為女兒的我沒辦法改變自家，但身為媳婦的我是遭遇不合理現象的當事者，所以我隱約帶著自信，認為自己能改變一切。

第一次過節

婚後的第一個節日，我們到婆家過了一夜，這是婚前婆家就不斷強調的事項。一年就只有新年和中秋兩個重大節日，所以我們必須在婆家過一夜。我認為，為了獨生子成家後會感到寂寞的公婆，這點事是能做到的（儘管我父母也應該會在兩個孩子成家後感到寂寞，但暫且先不論他們並未對身為女兒的我提出這種要求）。

到婆家後，我發現雜菜、燉排骨等年節菜餚都已準備就緒，家裡也整理得一塵不染，不難猜到，買菜、做菜、打掃家裡、準備寢具等大部分的勞動都是婆婆打點完成。儘管公公也不可能都在偷閒，但肯定就像多數男人那樣，在旁邊出點力而已。就像對於計畫並主導節日勞動的管理者媽媽來說，我和爸爸向來只是輔助的小幫手。從我們抵達後，公公就一直坐在電視前面，婆婆則為了端出要給我們吃的水果和零食，以及準備用餐，從頭到尾都站在廚房裡。

婆婆並不是會對我提出過分要求的人，她會站在自己的立場盡可能體諒我，是那種只抱持基本期待的「一般好婆婆」。可惜的是，這並不代表我就不會不自在。有別於老公，我成了必須待在婆家廚房的人，如果沒有待在廚房就會莫名不自在，或覺得應該感謝體諒我的公婆。我在廚房做事的方式成了被評價的指標，我被期待要時時服侍老公和公婆，無論有沒有勞動，或強度高低，以媳婦的身分待在婆家的每一刻都令我感到備受侮辱。

所以走進婆家前，我和老公約定好，當我在廚房時，老公也一定要在場。我並不期望他要比我做更多事，或更常問：「媽，有什麼需要我幫忙的？我該做什麼？」我只要求他，不要讓我站在你家廚房，看著坐在客廳的你，覺得自己好像成了這個家的奴隸。

儘管事先和老公約定好關於婆家的每件事，我的叮囑卻在那個家中成了無用之物。我很自然地待在廚房幫忙婆婆，如果老公在我附近打轉，公公就會三不五時叫他到電視和電腦前。那麼，聽到父親說「這個不能用」、「幫我看一下那個」卻無法拒絕的老公，就只能乖乖轉頭扮演乖兒子的角色。

在婆家和在外頭見到公婆的感覺非常不同，在婆家時我更覺得透不過氣來。只要走進那個家，公婆、我和老公四個人，就彷彿成了必須徹底扮演各自角色的存在。在外頭用餐時，我和公婆還能維持一步之遙的關係，但在婆家就不要想了，我完完全全就是個媳婦。相較於在外頭一起用餐的媳婦，不知為何，婆家對走入家門的媳婦所提出的要求更多也更侮辱人，所以我變得比較偏好在外頭見面。

嘗試各種新方案

第一次過完節，我發現這樣不行，打定主意要改造節日。在婆家時，感到不自在的人不是只有我，問題就出在它在本質上與我過去經歷的無數節日相同。我想讓婆婆、我和家中所有女人從節日勞動中解放，這是我非做不可的事。

下個節日到來時，我預約了近郊的森林風景區。那個地方果然名不虛傳，山上的景色非常優美。白天時，我們全家一起在森林散步，晚上用公公帶來的投影機一起看了電影。隔天早上，我們在附近事先找好的美食餐廳用完餐，接著在回程路上，我想著這次過節減輕了婆婆的勞動負擔，稍稍放下了心，公婆看起來也很滿意。他們想要的是和孩子夫妻倆一起共度的「時光」，所以大家一起在森林風景區度過兩天一夜，比在婆家時有更長的相處時間，他們想必也很開心。

相反的，我卻沒有想像中那麼滿足。整整兩天和公婆形影不離，我整個人越來越萎靡不振，有說有笑的能量也逐漸降低。因為是樓中樓的設計，我和老公睡在上層，但就連睡覺時都必須聽到公婆的呼吸聲，實在太痛苦了。我無法有自己的空間，也不能有自己的時間。我領悟到，和公婆開朗度過的三、四個小時已經是我的極限了，我需要有能呼吸的獨立空間。

所以再下一個節日，我在市區飯店預約了兩個房間。由於是有史以來最長的連假，許多人都到國外旅行，飯店舉辦了優惠活動，而且避開過節當天會更便宜。儘管在森林風景區也可以分開訂房，但我試著找到更完美的方案。假如森林風景區的優勢是價格便宜、空氣清新、勞動少（婆婆還是準備了零食），飯店則是在距離近、無勞動、乾淨的床鋪、可使用附屬設施方面更具優勢。儘管價格高昂是讓人有點壓力，但如果這是能讓女性從節日勞動中解放的方法，那我無論如何都想試試看。

我們把行李放在飯店，在市區閒逛觀光，度過白天的時光。餐點全都在飯店的Lounge解決。從房間走幾步就有一字排開的自助式餐點，真可說是節日的天國。既不必煎一大堆餅、吸油煙味、忙著端食物上桌，也不必擔心洗碗工作。用完晚餐後，大家一起在夜晚的街道散步，隔天早上又享用了一頓早餐和晨泳。退房後，我們一起吃了午餐、散步，才各自回家，整個行程堪稱完美。

公婆雖然擔心飯店的價格高昂，但似乎很享受這種舒適無慮的氣氛、美味的餐點和全新的經驗。儘管每個人對於在飯店的宅度假（Staycation），也就是所謂的「Hocance」[11]的評價不一，至少這確實對我們來說是全新的體驗。婆婆的身體勞動徹底消失，我也不必無奈地再次確認自己次等人的身分，渾身不自在地站著。雖然跟公婆相處很不自在，至少能確保有分開的空間，所以呼吸很暢通，待在飯店的時間本身也很愉快。如果能以我可承受的方式提供公婆比父權制的節日更好的經驗，我想他們也不會再堅持既有的方式。

飯店與年糕湯的差異

去年過年時，我們老早就跟公婆發下豪語：「以後每次過節，我們都會預約兩個飯店房間。」所以這次我也在搜尋資料，看能以比較低廉的價格去哪家飯店，但在新年前夕，卻發生了意想不到的狀況。

就在公婆聊起上一次過節的話題時，公公悄悄地表露遺憾：「雖然不是當天，不過……」後來婆婆打電話給老公，說想在過年當天見面，還說看來當天沒辦法去飯店，這次還是到婆家吃年糕湯怎麼樣？

無論我們提供什麼，公婆都堅守著「要在過節當天見到兒子和媳婦」、「子女到家裡拜訪父母」和「女性做料理接待男性」。甚至對婆婆來說，女性的解放之類的根本不重要，也許這是因為婆婆老早就把節日勞動視為天經地義。

和老公商量過後，我們決定配合公婆的部分要求——在過年當天見面、吃年糕湯，同時邀請公婆到我們家作客。因為我判斷，比起在婆家廚房工作的媳婦，為了招待客人而工作的主人位階更好。我無所不用其極地想要將侮辱感降至最低，結果

11 由飯店（Hotel）和度假（Vacance）組合而成的單字。

到頭來，這依然不是個輕鬆的方案。實際經歷後，我才發現在身心方面都吃不消，直到我累得像條狗般的過完年，才總算聽到了在飯店時沒有聽到的話。

「過節果然很不錯呢，還能吃到媳婦煮的年糕湯。」

相較於在飯店時，我重複問了好幾次：「很棒吧？還不錯吧？」卻只得到一句——「嗯，還可以。」

這次甚至和公婆相處的時間要少上許多，公公卻情不自禁地表露心中的喜悅，把在飯店時每餐享用的自助餐、桑拿、舒適的床鋪全都拋到腦後，只因我在過年當天煮了年糕湯接待他們。

終歸還是想守護父權制

我無法改變他們。只要不是鞏固父權制的方式，無論是什麼，公婆都不樂見其成。家庭成員不參與勞動、可以無憂無慮地享受的方式，最終也遭到了否決。雖然我必須投資情緒勞動在和公婆共處的時光，但我認為在飯店過節是一條接近合理平等的節日文化的路，可是除了父權制，他們似乎無法接受其他的人生方式。

我認為在過去幾年間，我已經盡最大努力表達出我是擁有何種想法和意見的人，包括想用何種方式過節，夫妻關係應該怎樣，以及想與公婆打造什麼樣的關係。所以我認為，如今公婆也應該對我有某種程度的了解。

可是，看到他們仍帶著與結婚初期相同的態度，彷彿至今我所表達的意思完全沒有進入他們的腦袋般，依然以父權制的態度和價值來對待我，加上聽到他們以「我和他們的想法相同」為前提說出的話時（因為我的想法怎樣根本就不重要），我感到很絕望。我永遠都無法讓他們了解我這個人，也改變不了他們。

最後我決定，再次回到最精簡的方式。最近過節時，我們就像平常一個月聚會一次，在節日當天見面，到外頭用餐、喝杯咖啡加看電影。因為這個方案算是非常合理，暫時可能會成為固定模式。我從婆家要求的事項裡頭找到我能負荷的部分，取得了共識。這對我來說是最大極限，但對婆家來說應該是最低限度。要在與婆家之間的關係中找到好的選項太難了，這只能怪雙方對於好的標準太過天差地遠。儘管我做了各種嘗試，最後卻不是以「好的選項」，而是以「最低限度的選項」畫下了句點。

應該如何度過即將到來的眾多節日才能皆大歡喜，我已無計可施。在尋找與公婆一起愉快過節的方法上，我的能量逐步下降。因為生性不喜歡與人起衝突，我至今仍努力地想和公婆建立良好的關係，但不知道這件事還存有多少希望。

至於我終極想追求的理想婆家關係，看著幾年來在擺脫父權制上毫無變化的公婆，最後我產生了「抗拒父權制才是唯一解答」的預感。儘管目前我依然感到退卻害怕，但終有一天我希望能達到那個境界。

所以我很樂於見到任何拒絕父權制節日的行動。上次過節時，著有《對自己溫柔的一天》的作家「冰涼的夏夜」提議，在中秋當天召集拒絕父權制的女性一起享用美味的一餐，居然在短短時間內就額滿了。看著率先走在前頭的女性，我也試著鼓起了勇氣。

不是媳婦該做的，也不是媳婦的錯

要說出我在與婆家的衝突間摸索出什麼策略、試圖解決什麼問題，老實說是讓人感到卻步。假如我說了那樣的話，並不是因為我的方式無懈可擊，或者它是唯一的方法，而僅是為了幫助某個疑惑該如何對應的人。因為當我同樣陷入苦惱、茫然時，也曾從過去有經驗的不同女性身上尋求具體解決方案。那些故事的主角遇到的情況不見得和我百分之百相同，找到的方法也不全然適合我，所以我並沒有依樣畫葫蘆，但那些故事仍在我決定整體態度時給了我幫助。知道不是只有我有這種微不足道的苦惱，令我感到安心，同時也確信並不是因為我特別敏感所造成的。就這點來看，說出我的經驗和痛苦、與他人分享是很重要的。

在女性嘗試了解什麼令自己自在、想要什麼時，眾多女性的故事平息了世上妨礙的聲音。它們告訴女性，妳可以理直氣壯地感到不舒服，要抬頭挺胸地做自己。

我想盡自己最大的能力，把這一切講得鉅細靡遺。從個人角度來看，針對不合理的現象提出具體解決之道是至關重要的策略，但即便是這樣，公開（尤其是以「我都這樣做了，妳也要有樣學樣地試試看，或非得這麼做不可」的方式）說出來時，可能又會對女性造成另一種壓迫。媳婦該怎麼對付婆家的妙招，也許當下能幫助止在煩惱婆媳關係的某個人，但就長遠來看，則會成為媳婦肩上的沉重負擔。就目前來講，認為與婆家維持良好關係是媳婦的本分，無法解決衝突都要怪媳婦不夠知情達理的成見已經夠深了。世界上存在的關係中，女性要苦惱的已經多如牛毛，我不想在那上頭增加更多包袱。

需要在關係中付出更多努力的人，能以較少的努力帶來較大變化的人，不是子女，而是父母；不是學生，而是教授；不是員工，而是老闆；在父權制中，不是媳婦，應該是丈夫和婆家。我們應該朝著上頭高聲吶喊，要他們努力，而不是朝著下方。弱者已經竭盡全力了，畢竟這攸關他們的安危與生存。

因此，無論是心直口快的媳婦還是悶不吭聲的媳婦，我希望不會再有人受到不當待遇。我希望當媳婦說出快人快語時，這個世界不是感到大快人心，而是抱持著為什麼媳婦非得鼓起勇氣、不顧後果才能這樣說。我希望女性苦惱該如何應對婆家的現象能從世上消失，而拒絕回應婆家的媳婦，也不該被視為不識大體的人。

嚴正拒絕「婆媳不合」這句話

我公公會把自己的不滿說成是婆婆的不滿。公公會說：「女人本來就會為了這種事鬧不合」、「這就是媽媽的心情」，並聲稱為避免婆媳衝突，身為媳婦的妳要懂得進退，硬逼我去做。儘管坐在公公身旁的婆婆也對婆媳衝突的設定深信不疑，她彷彿在對我說：「妳這樣做可能會讓我失望，如果不想被我討厭，不只妳要表現得好，還要讓我兒子對我好才行。」

公公說得好像是女人間的衝突，但婆媳衝突的本質是「打壓媳婦」和「男性迴避責任」，是借用「女人的敵人是女人」的仇女設定，巧妙地隱蔽男性的責任，並藉此達成鞏固父權制秩序的目的。

「婆媳衝突」這個字眼本身就很不合理，這就與創造「男女衝突」或「性別對立」等字眼後，區隔男性對女性使用的暴力、抹去女性受到的壓迫相似。（公公）婆婆與媳婦絕不可能在對等的位置上產生衝突。而且，把婆媳衝突說成是女性的本能和天性，只要是以婆媳的關係相遇後，就必然會經歷的情況，以及女人之間絕對少不了猜疑、忌妒和憎恨，這令我深惡痛絕。真正折磨女人的人狡猾地躲在後頭，先是點燃女人的戰火，再假裝高尚地阻止雙方打架或隔岸觀火，最後從中得利的樣子，也令我無法忍受。

碰到某些問題時，就說事關重大，只有講求合理和理性的男性才能處理，可是碰到兩家人需要圓融的交流時，男性為什麼就抽身溜走？男人只要袖手旁觀，表現出進退兩難的樣子，接著回自己房間就沒事了。在媽媽面前就說支持媽媽，把妻子拒於門外，與妻子兩人共處時再適當地應付妻子，未免也太兩面討好了吧。不願在複雜的衝突中蹚任何渾水，也不肯負起任何責任，最後把痛苦轉嫁給位於金字塔最底層的妻子，只有妻子如啞巴吃黃蓮般把所有苦往肚裡吞，不覺得太卑鄙了嗎？

倘若婆家和我們夫妻之間產生問題，要煩惱、解決這件事的人不會是媳婦，婆媳衝突，是從一開始就不該存在的設定。

找出婆媳關係的良好距離

若是和婆家那天特別和樂融融，回家後我必定會感到不安，這來自於我的經驗。當聚會氣氛很好時，他們認為跟我變親近時，隔天公婆必然會做出嘗試越線的舉動，企圖打破規則，例如原本說好除非特殊情況，有事要先打給老公，但這次就會直接打給我，提出各種要求。只要努力營造與婆家的親密關係，我的包袱就會增加，這種怪事三天兩頭地上演。對他們表現善意卻無法為我帶來良性結果，導致竭力打造的關係崩塌，這使我變得畏畏縮縮，不敢貿然靠近他們。

與婆家的距離和我的壓力指數呈反比，距離越遠，壓力越小，距離越近，壓力越大。為了保護自己，我必須和婆家保持距離，和他們見面時也得全神貫注，好讓我也能享受這段時光。

當雙方親近，卻只對一方造成負擔，這樣的關係似乎哪裡出現了嚴重問題。和婆家走越近，我能做自己的可能性就越小。他們認為我很平易近人，是意味著把我看成善良順從的好媳婦。善良順從的好媳婦會得到的獎賞老早就已經定案，若不照做，就無法維持和他們的親密感。喜歡其他類型媳婦的方法，不存在於父權制中。

我和婆家建立的良好關係會是什麼模樣？對於關係抱持的期待天差地遠的兩邊，該如何打造良好關係——尤其是當彼此對良好關係的定義本身就不同時。儘管偶爾可以透過我讓步或他們讓步來勉強找到交集，大多時候仍是兩條永遠不會重疊的平行線。就算不完美，只要能找到不完整的交集，就該對此滿足了嗎？

在見到公婆前，初次想到他們時，我的情感並不是中立的。我對他們早已抱持相當的好感，因為他們是我心愛的人的父母，生下了我心愛的人，撫養他長大成人，也和他住在一起，又與我心愛的人有許多相似之處。直到婚後的現在，我也想帶著同等的情感與好意，與他們維持適當距離。

我認為婆家與我的關係，就是以老公為媒介所建立的關係，但這個世界和他們似乎並不這麼想。雖然也許在某個平行世界，媳婦與婆家能直接建立良好關係，但在此時此地是難如登天。

就目前而言，打造良好關係的方法，是依據這段關係的本質，為雙方設定出明確的一步之遙：我愛的人的父母，我愛的人的配偶，假如他們很難將我視為獨立個體，那麼可以先從把「兒子夫妻」和「他們」視為獨立個體開始。

一旦建立起獨立的關係，關係內的行動也就能依據自身意志。只要我願意，和公婆見面的次數可以比我父母更頻繁，但假如我不願意，也可以一整年都不見面。如果有想一起分享的話題，可以開懷地聊通宵，但假如我不願意，也可以只簡單說聲「您好」、「請慢走」。為了達到這個境界，雙方必須取得共識，但我期盼這個共識盡可能自由與自律。我希望他們能維持心理的距離，簡單的說，我想當的是女婿，我希望這個社會為娘家—女婿的關係設定好的距離，也同樣能套用在婆家—媳婦的關係上。

我期望，普遍女婿的樣貌，能成為普遍媳婦的樣貌。

老公成為女性主義戰士幼苗

老公不是一開始就覺得婆家要求太強人所難或有何不妥。我本來以為是老公天性憨厚，面對父母的要求會有這種反應在所難免。加上他對父母懷有某種虧欠感，所以很難拒絕父母的要求。儘管聽完我的想法和情緒後，他某種程度上能理解，但碰到打電話把我們商量好的內容告訴父母時，他就只會把我告訴他的話複述一遍，因為這不是他本人的想法。他並不完全理解或同意，只是覺得我說的話有理，加上為我著想，所以試圖在父母面前替我辯護。

那時老公還不是當事人，而是徹頭徹尾的中間調解者。老公在父母面前裝作逼不得已，在我面前也是如此。他沒有自己的想法，只覺得痛苦，成了夾心餅乾。

我的心情五味雜陳。有人只因老公願意靜靜坐下來傾聽我的情緒和意見，就稱他是好老公。我也曾經過度地感謝老公。他親自打給父母，接父母的電話，大概是知道如果從媳婦口中說出反對的話，父母會更怒不可遏才這麼做吧，但總之就是如此。他親自和自己的父母交手，不曾把父母對話的責任推給我，我不由得對他萌生感激之情，也總覺得自己應該抱持感謝。

在我不當「乖媳婦」的期間，老公光是向婆家傳達我的意思，就已經成了「配合度高的好老公」。老公明明只是做了他該做的事，我卻對老公心存感謝，更何況掌握狀況、整理思緒、決定立場等所有麻煩事都是由我一手包辦。

我的解決之道是 Twitter

新婚初期，老公也有性別歧視的問題，經常和我意見分歧。只要我提到相關社會問題，老公板著臉聽完後，開口第一句就說：「可是男人也很累啊。」我在訴說身為女性受到的歧視與暴力，老公卻對我說一肩挑起家庭生計重擔的某個人，因為壓力過大而跳漢江自殺的事例。向來都會對我的個人痛苦感同身受的老公，碰到一般邏輯時卻老是持反對意見。我的經驗與一般命題是環環相扣的，老公似乎看不到這點，他就像全然順從這個社會支配規範的人一樣。即便我苦口婆心地跟他解釋再多，他也沒辦法理解。

當時我做出了綜觀整個婚姻生活最具效果的一件事——推薦老公加入 Twitter。

在那之前我就向老公推薦了好幾次，他反應總是不冷不熱，只會說「知道了」。後來我想到一個好主意，就是把我正在追蹤、會轉發各種廣泛主題的帳號告訴他。對於喜歡淺知識與各國常識的老公來說，這是個具有十足吸引力的帳號，單憑這個帳號，就能得知今天韓國一整天有什麼新聞，也能大致瀏覽關於這個新聞的各種立場和意見。經營這個帳號的人是女性主義者，自然是個關鍵的前提。

我只推薦了一個帳號，老公就開始追蹤，也慢慢對Twitter產生興趣。一百四十字持續上傳的短文，和老公不斷尋求刺激的性格也非常吻合。很快的，老公又追蹤了幾個自己感興趣的人，逐漸體會到Twitter的魅力。Twitter本來就是能密切接觸到各種領域和想法的地方。即便親自見到某個人，也未必能聽到其內在真正的想法，卻能透過Twitter知道。

還有，老公在上頭遇見了許多過去絕對無法聽到，或即使聽到也沒有放在心上的事。其中包含許多女性主義者，以及在韓國身為女人而遭遇痛苦經驗的女性。老公和朋友、前後輩、同事在一起時聽不到的、赤裸裸的、眾多女性的內心故事，老公都在上頭看到了。有些故事，老公從我口中聽過，有些則是初次聽聞。相較於只聽我說，老公在Twitter吸收這些故事的速度更快速。他逐漸了解女性的人生，也更能理解我的立場。不知不覺中，老公聽到我提起社會議題時，不再以僵硬的表情或毫無靈魂的眼神聽我說話。

原本老公只會像鸚鵡般重複我的話，打給父母前要像背劇本般把我說的話印在腦中，可是等到真正撥出電話後卻又結結巴巴，若聽到父母反駁，就一句話都說不出口。如今他慢慢有了改變。

女性主義戰士幼苗

原本彷彿中立卻又急著維護男性立場的老公，開始看見女性的痛苦。當我說起婚姻制度令我痛苦的點時，他不再認為我是在罵他的父母，也沒有說「男人也很辛苦」或「他們畢竟是父母」這種話。打給父母時，也慢慢不再需要我的劇本。

老公總是在外頭和好友吵架，和認識十幾二十年的知己聚會時，從頭到尾都在辯論。他的那些朋友都是男性。老公說，說到某個話題時，他以什麼觀點提出反駁，結果大家都表示認同，所以很開心。他也碰過需要再進一步思考的主題，或聽到自己一時語塞的話之後，也會整理自己的思緒，並說下次會嘗試用什麼方式說說看。有一天，他說自己不管怎麼說破嘴都沒用，最後筋疲力竭地回家。老公再也無法在長期以來自己隸屬的團體中獲得認同感。在平凡的男性群體中，老公成了特立獨行的人物，成了裡面的「女性主義戰士」。

他也開始和父母爭論，用自己的想法和父母對抗，但父母也不是省油的燈。就算老公再有理，父母也不肯輕易接受，而且越是如此就越生氣，說兒子翅膀硬了，反過來想教訓父母。對於用女性主義視角看待婚姻制度的老公而言，自己的父母即是反女性主義、是父權制本身。他第一次切身感受到過去身為兒子、身為男人所不知道的父權制，是一道巨牆。

當父權制以赤裸裸的樣貌出現在老公面前時，他受到前所未有的衝擊，嘗到女性配偶生活的世界的滋味。這一刻，老公總算成了父權制的當事者。

他開始強力批判自己的父母，除了公婆的優點，我也開始能和老公談論他們的錯誤。就像我能表達對他們的愛、善意與信賴，也能自由地談論他們不合理的價值觀與偏見。老公開始思索父母和我們的關係，應該要求到什麼程度，又該承受到什麼程度，如何改變父母的想法和行動。就算無法事先得知我感到不舒服的點，但至少在我表達後，老公就能理解。他放下了對於父母不必要的罪惡感或過度的於心不忍，但依然深愛他們。他是明事理的人，透過經驗清楚知道父母能夠讓步的程度，也很仔細地詢問、傾聽我能承受的程度。此外，他開始以盡量避免太傷父母的心的方式進行協商，最後他的父母和我們達成了各種協議：

過去：公婆隨時都想來我們家，登山前要來我們家喝杯咖啡，就算外食，也希望用完餐後能到我們家喝杯茶。要是提議去咖啡廳，他們就會說，為什麼放著兒子家不去，偏要去咖啡廳。當他們提著小菜來時，也非得拿進我們家不可。

現在：沒有正式邀請，就不會進來我們家。如果要拿東西給我們，就由我們到一樓去拿。我們不在家時，就放在玄關旁的鍋爐室。大部分物品都只在約好的日子拿來。

過去：不分任何時候，隨時想見面就見面。

現在：一個月見一次。

過去：希望經常接到媳婦的問候電話，而且要和兒子分開打。

現在：除非有特別事項，不然不會聯繫我。我和老公各自打問候電話給自己的父母。碰到父親節、母親節、生日和節日，會打電話給對方的父母。

過去：過節時希望我們在婆家住一天，期待我們吃婆婆準備的年節菜餚、削水果、看電視和去看電影。

現在：一個月見一次面，一起度過在外用餐和咖啡廳的兩、三個小時，過節時再增加看電影的行程。

一人一床不行嗎？

婚前我和老公從來沒有搬到外頭住的經驗，所以買下兩人要住的房子後，對有了專屬於我們的空間激動不已。還記得距離婚禮只剩幾個月，我們按部就班地進行粉刷，看到家中逐漸填滿家具、越來越有模有樣而欣喜。

需要水電工或工具時，都是由公公幫忙，公婆也不時會進出老公先搬進去住的新婚家中，進行各種工程。慢慢的，我們打點家裡的過程都會經過公婆審核，他們也從長年以來布置家裡的角度，向我們提出許多有用的建言。可是，根據他們的經驗所提出的意見，往往都和我們分歧。

包括我們的棉被。寢具送來後，也被公婆的雷達網捕捉到。我們就像某些新婚夫妻，沒有買兩人用棉被，而是買了兩條一人用棉被，他們似乎對此很不滿意。好歹名義上還是新婚夫妻，怎麼說也該蓋同一條棉被吧。聽到老公傳達公婆的意見後，我的心情變得很悶。

籌備婚禮時，我已經被兩家的干涉搞得筋疲力盡，這段時間所有的干涉、為了兩家的意見而改變我們的選擇，甚至是預測兩家會在意其他人的哪些看法，那些疲憊與煎熬一口氣全湧了上來。

「現在連要一起蓋被子還是分開蓋都要得到允許嗎？就連最私人的寢室空間都不能按照我的意思，夫妻就該蓋同一條被子的習俗到底算什麼？它對我們的安全、幸福或任何方面都沒有幫助，由蓋那條棉被的我們兩人決定還不夠嗎？」我甚至默默流下了淚。

兩人要蓋同一條棉被的習俗究竟是打哪來的？既然市面上也沒有製作非要讓兩人一起躺的長枕頭，那為什麼就一定要做那麼大條的棉被一起蓋？假如枕邊人是會捲被子的類型，另一人不僅會著涼，還會因為被子被拉走而睡不好。我自己睡覺時就會用腳捲被子，也會用雙臂抱住棉被，適合每個人、每對夫妻的生活也應該不同才對。

假如有人說，要蓋同一條被子夫妻才會恩愛，才會有性生活。分明就應該是無論一起或分開蓋，都能有性生活。假如一起蓋被子就能做，分開蓋被子就不行，這根本是夫妻溝通出了問題吧。

就按照自己想法做吧！

如今，我們甚至也不是睡同一張床的夫妻了。結婚四年後，我們各自買了床墊和床架，有了兩張床。我和老公終於能分床睡了。

和老公並肩躺在一百四十五公分寬的雙人床睡覺是件苦差事。只要稍微動一下就會碰到對方，假如本來面向左邊，就沒有空間能轉身面向右邊，如果想要改變身體的方向，就必須翻來覆去、調整位置才行。想要伸展手臂，就必須把手伸向老公不在的另一邊，也就是伸到床外，可是因為沒有東西支撐，所以掛在半空中的手臂格外沉重。

老公雖然睡得不太舒服，但還不至於影響睡眠，大概真的是我太敏感，但我感到不舒服畢竟是事實。某個夏天的睡夢之中，我覺得出汗的額頭有些涼意，睜開眼睛卻發現老公的鼻息正對著我的額頭吹，雖然當時忍不住笑了出來，但老是睡到一半醒來，疲勞也與日俱增。要是我太貼著床邊睡，就會因為睡夢中時身體滾動，以為自己快要掉下床而醒來。因為沒有伸展手臂的空間，若是以雙手高舉的萬歲姿勢睡覺，肩膀會痠痛不已，棉被的尾端也不時掉到地面，導致我必須在半夢半醒之間把棉被拉上來好幾次。就這麼過了幾年，我已經不知道睡眠為何物，頭痛或眼下顫抖的症狀，也似乎是無法好好睡覺造成的。

究竟其他人是怎麼睡的，這能日久成習慣嗎？雙人床真的是專門為兩人共寢所設計的床嗎？大小到底是誰決定的？雖然因為我們床上有兩條被子，所以情況更為嚴重，但我們真的無法蓋同一條被子。每個關燈後卻無法入眠的夜晚，我總會開始渴望一人一床。

雖說如此，要下定決心再買一張床卻不容易，它不像買兩條棉被那麼簡單。由於消費的單位臨時出現了變化，籌備新婚用品時，婆家就難以負擔超過百萬韓元的床墊，所以我們在床架上鋪棉被，直接睡在上頭。

最重要的是，用兩張床感覺很奢侈。儘管我的痛苦如此顯而易見，但要選擇和所有人不同的路讓我產生心理障礙。「其他人也都這樣過得好好的，為什麼就妳跟別人不一樣？」我內心的聲音令我遲疑了。

家裡的空間也不足以放下兩張床，光是床、書桌、沙發、書櫃、電視就已經把房間塞滿了。想多放一張床，就必須放棄家中至少能喘口氣的地板空間，光是床就占掉了生活空間的一半。

我就這樣猶豫了好幾年，直到總算鐵了心要買床後，也不敢貿然行動，無謂地在早已翻遍的網路上持續搜尋，浪費時間。即便找到了質感不錯的產品，也查到能以相對低廉的價格購買的網站，甚至已經在上頭挑選了中意的候選清單後，我依然猶豫了好一陣子。

經過一番大長征後，完成的祥和寢室風景是這樣的：兩張雙人床並排，兩人各自蓋一條棉被，枕著經過多次嘗試後找到的最佳枕頭睡覺。我用的是無印良品的羽毛枕，老公用的是丹普的記憶枕。預定住宿時，我們也會預約有兩張單人床的房間，再把各自的枕頭塞進行李箱帶去。既然找到了終極的睡眠環境，就再也不想離開了。

每天我們各自占據一張床，分享著沒營養的玩笑話，我們覺得天底下沒有比這更幸福的事了。因為在買床之前，睡前我們大部分的對話都是：「你再往旁邊一點」「我就只有睡我自己的位置，再過去就要掉下床了。」「怎麼這麼窄？其他人都是怎麼睡的啊？」「欸，你的手臂為什麼跑到這邊？你的枕頭超過中間線了。」看到原本說一起睡也無所謂，卻又經常像個機器人般以立正站好的姿勢睡覺的老公，現在則可以呈大字型伸展四肢睡覺的模樣，我也露出欣慰的微笑說：「果然還是自己睡一張床比較自在吧？」

新的空格

我們就不能活得自由一點嗎？想一起蓋被子的人就一起蓋，想自己蓋被子的就自己蓋，不想蓋被子也可以不要蓋——不去管不干自己的事。

我的願望有了進一步發展，從兩條棉被、兩張床延伸到有兩個寢室。雖然睡在同一個房間，可以躺著聊些有的沒的，在相同時間睡覺，但就算不情願，也會在相同時間起床。

神奇的是，我們經常幾乎會同時睜開眼，卻會演變成在這應該是因為意識到對方從睡夢中醒來時翻身的動靜，等到一人起床後，另一人也因為聲響而起床。看到兩人同時上床睡覺，但當其中一個怎麼都睡不著，直到凌晨才進入夢鄉，導致醒來時疲倦不已，卻仍跟著另一個起床後，我做出了如此推論。

也就是說，翻身的動作或聲音妨礙彼此的睡眠。我希望偶爾碰到躺在床上卻怎樣都睡不著的夜晚時，能夠打開一盞檯燈，緩緩閱讀平時無法讀進腦袋的書，在不知不覺中進入夢鄉，也想在某個清晨早早醒來時，不必強迫自己再次入睡，而是在床上做點伸展操喚醒身體，提早開啟一天的大門。

我還試著小心翼翼地說了，假如經濟允許，希望兩人不只是有各自的房間，而是能在各自的家生活。我和老公可以在同一棟大樓或社區擁有各自的房子，平時在兩邊來來去去。如果做了美味的料理就一起用餐，偶爾也可以看電影到深夜，睡在同一個家中。我可以去老公家彈鋼琴，還可以安排一個月一次的桌遊日，集結各自家中的紙遊，展開激烈對決。如果晚上睡覺時突然產生可怕的想法，或回想起恐怖電影的情節，可以快步奔向彼此的家。碰到做什麼事都嫌麻煩的日子時，可以一整天躺在床上動也不動，然後拜託另一人去我們經常光顧的鄰近餐廳買條紫菜飯捲。最重要的，是擁有只要我想要，隨時都能回去的專屬空間，擁有完全獨立的空間；隨時都能在一起，但隨時又能獨處的空間。

為什麼夫妻就非得住在同一個家中？為什麼這世界不是把一人一家視為基本條件呢？要是我說每個人都要有自己的房子，吳爾芙會說我太貪心嗎？夫妻同住與分開住都很稀鬆平常的世界，難道真的不可能實現嗎？

我從來沒有自己住過，但始終覺得獨居似乎很適合我，婚後我才發現，兩人住在一起也很適合我。想必兩人住一起有兩人住在一起的快樂，自己住也有自己住的快樂。如果是獨居，我希望每項物品、空間的每個角落都是按照我的喜好添購、布置，想擁有放眼望去和伸手可及之處都令我開心的空間。只要我不弄亂，它就不會變亂；我把東西放在哪，它就會在哪；當我聽到不想聽的話，就可以不去聽。

我想擁有一個能更深入集中在自己身上的地方，當我打開門走入的那一刻，就像走向自己般，身心感到全然舒適。我希望在打造整潔雅致的空間時，也能產生布置人生的心情。我夢想著以一個人就能完整的堅定狀態，和戀人、朋友、家人或他人建立愉快的關係。儘管物理上的獨立無法確保心理上的獨立，但至少會簡單一些。生活方式反映了我所嚮往的價值，從各自的棉被開始到各自的家，我都希望按照自己想要的方式逐步打造。

夫妻就該一起度過週末、就必須同住一個家、應該怎麼做的觀念都令人窒息。如何打造你我的關係、要以何種樣貌開啟或結束一天，我都想靠自己的雙手選擇。「夫妻是○○。」我想在這個句子的空格裡寫上稍微不一樣的答案。

女性必須結婚才能得到的好處

我拖了好幾週才踏入電腦維修店，那是個對機器一知半解的年輕女人很容易被無視或被坑的地方。無論他們解釋什麼，我都不知道自己該問什麼。叫到我的號碼時，我走向櫃臺，打開後背包。雖然知道後背包會讓我的年紀顯得比較小，但我並不想因此放棄它的實用性和方便性。光是要託付一臺故障的電腦，就有太多要顧慮的事了。

就在我一邊說：「電源有問題……」一邊取出筆電時，果不其然，中年男子用沒好氣的高壓式口吻對我說：「所以是哪裡出問題？」還問哪裡有問題，剛才我就說電源有問題，正打算解釋來龍去脈而已。雖然早有心理準備，心情還是受到了影響。

就在我說明按下電源按鈕後畫面會怎麼樣，也在網路上搜尋該怎麼處置之際，聽到我說出「老公」這個字眼，對方隨即用微妙的態度問：「您結婚啦？」

「對。」

「您看起來這麼年輕……」

「因為我長得一副娃娃臉。」

得知老公的存在後，他隨即變成面無表情的辦公室員工。原來必須仰賴名為老公的存在，才能至少在表面上被當成人對待啊，這點又令我憤慨不已，他所尊重的不是我，而是我老公，我被當成了有主人的物品。

每當被問到結婚有沒有好處時，我總會有所遲疑，並看著對方衡量著該從哪裡說起，又該說到什麼程度。好處喔，有啊，有是有，但我沒辦法說出結婚超棒。

安全

住在距離老公公司步行十分鐘的老舊公寓時，我們使用的廉價網路速度慢到不行，Wi-Fi還會無緣無故就沒辦法用。說好要來維修的那天，我因為不想在狹窄的家中和男性技術人員獨處，於是和老公說好要配合時間回家一趟。可是，在距離約好的時間還有很久時，老公打來說：「技術人員說很快就會到了，但我還有工作沒做完，沒辦法馬上過去。」又說：「我已經把家中密碼告訴他了，妳就先出門吧。」

聽到這裡，我的心頓時一沉。「那你應該叫他等一下，等我出門後再把密碼告訴他吧！」我忍不住大動肝火，同時慌忙扣上玄關的門鍊，接著迅速換好衣服。

最後，我隔著玄關門和技術人員撞個正著。那邊的公寓區本來就出入複雜又很靜謐，就連我平時回家的路上都會覺得背脊發涼，但那一刻的我領悟到一個事實——原來有些感覺是我再怎麼解釋、試圖讓老公理解，他也完全無法體會的。就算我已經在他腦中灌輸「在這種情況下，老婆可能會害怕」，他仍無法想到那個偏僻地方對女性會造成的恐懼感，原來那麼溫柔的男人也會這麼粗枝大葉啊。

平時白天為了避免讓外人知道家裡只有女人，我必須提高警覺，在家前面的巷子、階梯和門鎖前都提心吊膽，這甚至令我感到委屈，覺得必須把自己的體力消耗在完全沒意義的地方。家裡需要修理時、設置網路時、估算搬家費用時，也就是說，碰到無法避免有陌生人來家裡時，女性都必須支付不安與恐懼等心理費用，只因這個社會沒能成功打造出讓女性安全的地方。

當家裡發生什麼事時，我就會引頸期盼老公回家，同時也無法不去想像可能會發生在我們家的各種駭人事情。在那生動鮮明的畫面中，我研究著不知道自己能不能成功辦到，或者就算成功，也不知道會不會見效的因應辦法。最後我總會感到無力，並對於必須將自己的安危託付給老公的處境感到絕望。

婚後老公的存在讓我獲得了一半分量的安全，儘管這一半分量只有老公在我身邊時才能完全發揮效果，但也足以讓我止飢了（也令人哀傷）。當我和老公在一起時，我可以叫外送食物，可以深夜才回家，相反的，獨自一人的我，仍必須忍受多出幾秒鐘的眼神接觸、遲疑的動作對我造成的不安。當我為了配合老公在家的時間而費心安排裝冷氣的行程時，就會被一種「就連身為一個人能做的事都做不到」的心情包圍，感覺自己是非常脆弱、不完整的存在。這是老公絕對無法感覺到的自我否定、自我消耗。

安全，是只要身為同一個社會的成員，就必須獲得同等保障的東西，可是卻只賦予男性，剝奪了女性的安全。這個社會的安全與治安被設定為，唯有透過婚姻才能獲得部分的安全，只要被男性擁入懷中就能解決這個問題（該男性卻完全不在意女性是否安全）。

經濟能力

就在為了房子的問題傷腦筋的某一天，我們決定把老公存的購房儲蓄金[12]從每月五萬元提高到十萬元。無論是租或買公共住宅，加分資格戰的激烈程度都一樣令人卻步，但這是唯一的方案，再怎樣也得提高一點可能性。可是，等等，我的購房儲蓄金是每月兩萬元耶！

在手頭吃緊的情況下，也沒辦法連同我的那份也一起加碼，但把金額對分又不利於抽籤，所以應該盡量集中才對，但我怎麼想都覺得不對勁。接著我又想，貸款是用誰的名義去申請和償還利息的？為了配合上個月的刷卡額度，主要都是使用誰的信用卡？也因此就結果來看，是誰的信用等級提高了？我突然對這些問題產生了疑問。以當下或未來所得高為由，又或者只是出於習慣，在碰到經濟問題時由男性作為代表，難道不等於是將女性排除在外嗎？而男性因此獲得的有形與無形資產究竟有多少？儘管它們都毫無痕跡地消融在日常生活中，但造就顯著經濟能力差異的點，又該如何明確區分？

這時，我突然對過去把「家庭經濟是以老公為中心」視為非常自然的過程感到吃驚。這其中包含了老公的終生所得會比我更多更穩定的「合理」預測。我試著想像

12 韓國特有的「房屋認購制度」，民眾向銀行申請「住宅認購綜合儲蓄帳戶」，每個月存入固定金額，就能獲得優先抽籤及認購資格，以低於市價的價格購入政府蓋的公共住宅或民營公寓。

了一下。假如我在公司第一次被分發的部門不是由十五名男性與兩名女性組成的地方，而是十五名女性和兩名男性的小組，會怎麼樣呢？假如我能觀察到各種類型的人，而不是只有兩種人——要不是具備傑出能力，不然就是毫無存在感地苦撐著，那又會怎麼樣？假如主管不把我當成女人看待，或者沒有對我性騷擾，會有什麼改變嗎？假如這個社會從老闆到所有員工都是女性，無論去哪家公司，女生都占多數呢？假如組織文化是已婚男性很罕見，但已婚並有兩個孩子的女性能獲得禮遇呢？我的工作和現在會有多大的差別？在那種社會中，老公的工作又會是什麼樣貌？

一起花老公賺的錢確實有其方便之處，可是假如沒有剝奪女性經濟能力的各種社會設計，女性擁有與男性同等機會與評價進行薪資勞動的環境，也就沒必要說出「因為能分享男性的經濟能力，所以結婚很棒」這種話了。從家庭環境對女兒的學業投注較少的投資開始，到求職時的不利、組織內的性暴力和不正義的解決方式、由男性關係網絡文化引起的排除、對女性結婚、生育、育兒的歧視、女性對家事與育兒勞動的責任意識、貶低女性的經濟價值等，以男性為中心的社會使男性逐漸變得富有，女性則逐漸變得貧窮，導致女性無法自力更生，必須從屬於婚姻。

我希望只要我想要，隨時都可以離婚。仰賴別人的經濟能力，就和拿我的人生當賭注是相同的。在資本主義社會中，個人的行動半徑、自由和獨立主要都被金錢左右。我期望就算不需要靠結婚，女性也能自力更生，能獲得社會經濟地位的保障，期望「同工同酬」、「同等能力、同等工作」得以實現，女性可依據自身意願結婚、離婚、選擇和誰生孩子，也可以獨力撫養孩子或選擇和誰撫養孩子。

除此之外的實質好處

在今日的韓國社會中，已婚等於既得利益。女人和男人的結合，是現今國家與社會中認可的唯一家族制度。期望兩兩成對，步入婚姻並生下孩子的國家只向已婚人士提供制度上的好處，包括為新婚夫妻提高全稅資金貸款的額度，降低利息，以及出租或出售住宅以高比例分給新婚夫妻的房屋福利。除此之外，就算姑且不論完成人生大事的社會認同等認知上的好處，財產分配與繼承權、稅額減免、醫療意願決定權、將配偶涵蓋在公共保險內等，對已婚人士提供的制度好處包羅萬象。

就個人來說，結婚制度中最令我感到安心的，莫過於我選擇的人是我的法定監護人。確信在我生病時，比任何人都了解、理解我的人會替我簽手術同意書、進出加護病房、替我舉辦葬禮，在我難以表達自身想法時，最了解我想法的人會待在我身邊。我們是命運共同體的事實，偶爾也成為我的慰藉。雖然這個把我的事看得和自己的事一樣重要的人也極為珍貴，但能和這個人一起走過人生，大大減輕了我的孤單感。

就算不靠婚姻制度

數著前面列舉的結婚帶來的好處，我獲得了一項消除長久以來疑問的線索。我經常回顧女性被壓榨的漫長歷史，納悶為什麼女性一直以來要忍受如此不利的環境。至少關於父權制的婚姻制度，我得到了某種程度的答案。此時這個社會似乎正透過婚姻所獲得的安全與經濟能力等，把女性當成了人質，先是一開始就剝奪了女性在生活與生存上的必須要件，接著再對女性甜蜜的誘惑：「只要妳結婚，這些東西就都歸妳。」社會制度的設計，居然是為了讓女性承受不合理的待遇，讓女性走進婚姻制度。

因此，我們不得不問：為什麼非得透過結婚獲得，使一名成人能獨立生活的最低限度的安全、經濟能力、居住環境，這難道不是不分性別、就算不靠婚姻制度也該獲得的保障嗎？

遞出媳婦的辭職信

在我還不知道小型婚禮這個說法之前，我就希望能舉辦小型婚禮。只邀請我願意接受他們的祝福，而他們也想祝賀的少數成員，創造一段真摯親密的時光。招待那些不把我的婚禮當成開心參加的活動，而是視為繁瑣的義務、必須虛度週末半天時間的人，對我和那個人肯定都不是什麼高興的事。我也討厭那些千篇一律的大型婚禮會場。我想在對我別具意義或符合喜好的地方，舉辦我認為美麗的婚禮。換句話說，我的喜好並不是盛大華麗的婚禮。

碰到有人問我想要什麼樣的婚禮時，我總得鉅細靡遺地解釋我的喜好。偶爾懶得解釋時，就會選擇沉默，假裝和他人意見相同，或回答沒什麼特別的。不過，現在簡單多了。「我想要小型婚禮。」只要這麼一句話，對方臉上就會浮現「我懂妳在說什麼」的表情，對話也可以毫無阻礙地進行。這全歸功於歌手李孝利以自己的婚禮進行示範，讓大眾明白小型婚禮的面貌。過去「哦，是喔？好特別」的反應，也變成「原來如此，最近滿多人這樣」的肯定句。打造概念、為其命名就是這麼重要。

《媳婦的辭職信》出版時，我的心情就像這樣：現在用「小型婚禮」寥寥幾個字就能快速精準地取代「想在自己喜愛的空間，和真心想接受他們祝賀的人齊聚一堂，舉辦一場充滿愛與祝福的婚禮」。而「我拒絕成為父權制婚姻制度中的最底層，扮演基本上遭受蔑視的媳婦角色」，或是其他比這更冗長的敘述，現在也可以用「媳婦的辭職信」這個說法一次完整表達。「呼——」一看到書名，內心瞬間感到暢快無比。

我並非不愛老公，老公也不是什麼渾球，他也付出了該有的努力，但光靠個人努力終究是不夠的。我的婆家也不是狗血電視劇那種毫無常識或無禮的人，更不會明目張膽地把我當僕人使喚，可是卻會用微妙隱晦的方式，把我當成附屬於老公、比老公低一階的人，這令我痛苦。這不完全是相關成員的錯，也無法靠個人努力徹底根除。根本問題在於這是父權制要求的媳婦地位、角色，因此我拒絕成為媳婦，我也同樣迫切地想要遞出「媳婦的辭職信」。

儘管目前尚未達到能用「媳婦的辭職信」一句話就能讓所有人理解的階段，還需要多一點的解釋。不過假如對方根本就沒有想理解的意思，那麼就算說了一長串合理的解釋，對方也只會要求更多的說明。即便解釋了，剛開始會（或試圖）理解和不想理解的人，都不會有太大改變。

儘管如此，我仍會花時間說明。我的目標並不在於說服那些反駁我說要遞出媳婦辭職信的人，而是為了其他會傾聽我的答案的人。因為無法放任我們的對話被視野狹隘之人的仇恨言論阻擋，所以我會不厭其煩地說明。提出對方會反對或顯然不會獲得所有人同意的主張並不容易，因此我需要付出非常多努力。

聽到我說想遞出媳婦辭職信，一定會有人找我各種碴。我既沒有為婆家奉獻數十年的歲月，也不是什麼宗家[13]的大媳婦，更沒經歷任誰都會深表認同的痛苦。結婚四年來，我拜訪婆家的次數屈指可數，也不曾給過公婆超出負荷的巨額生活費或零用錢，確實是會被人說是「當媳婦的妳是做了什麼？」想要享有身為人應有的自由權，很顯然會被視為是在無病呻吟或發牢騷、不懂事又自私。換句話說，我很清楚，我的媳婦辭職信不單只是婆家或社會，甚至也不會得到我父母的支持。

13 指韓國古代的貴族階層，傳承數代形成的大家族。

可是，我不曾同意要成為父權制所要求的媳婦。如果有人說，這些本來就和結婚是成套的，既然結婚了就要負起責任，那我倒是想問，隨著結婚而來的東西，為什麼唯獨只塞給媳婦這個角色一堆負面的東西？我已經受夠了「結婚是兩家人的結合」、「大家從此成為一家人」的說法。假如成為家人所需的努力和犧牲是只對一個人提出過度要求，且要求中還包含了輕蔑感，那我嚴正拒絕稱之為家人。

我不過是選擇了一個人當我的人生伴侶罷了，和我選擇的人結合才是婚姻的本質，假如不是如此，又沒有其他辦法保護我和伴侶之間的關係，那我也沒理由不選擇更自由的方法。

婚姻需要想像力

在父權制內，我似乎怎麼做都無法和公婆建立的對等關係。不曾有過受世上認可的奉獻或犧牲的我，卻說要遞交媳婦辭職信，不僅不會被接受，還會被解讀為是要和婆家斷絕關係。儘管斷絕關係也是方法之一，但並不代表我想這麼做。「卒婚[14]」也無法成為答案。我並沒有想和老公分居（當然我想和老公有各自的房間，也想有各自的家，但這不代表要放掉聯繫彼此的心理連結，而是希望能有物理上的獨立空間）。我也不想切斷彼此的伴侶與保護關係。無論是法律上或心理上，我都希望成為老公的監護人，也希望老公是我的監護人。我想切斷的不是和老公個人的關係，而是與婚姻制度的關係。

我渴望全新的關係，自由平等的關係，保持適當距離與禮儀的關係。以對彼此

14 指夫妻不解除法律上的配偶關係，但兩人各自享受自己的人生，不干涉對方。

帶有基本的善意而展開，不會不由分說地對我產生期待或要求；重視個性、價值、目標，而不是道理、角色和義務；能把我當成獨立的人格，任何人都不會遭到壓榨，保障對方能得到適當尊重與距離；讓婚姻不是以家族與家族的結合，單純成為人與人相遇的關係。

我想要一個全新的稱謂，一個有別於妻子、媳婦的稱謂，能指稱人生伴侶與夥伴的平等字眼。結婚把要和誰一起住、和誰在法律及制度上有關係、和誰分享經濟條件等問題全部綁在一起，我並不認為非如此不可。同居、在經濟、法律和制度上共同經營人生、與建立性愛關係，都可以各自運作。我相信它們都是能分開選擇的問題，而且也應該如此。

分開居住的法定監護人伴侶；不分性別，而是依照自己的性傾向發生性關係的法定伴侶；雖然彼此沒有性方面的關係，但住在一起，比任何人都相信、依賴彼此的法定伴侶；分開住卻共享經濟條件的伴侶……為什麼這些形式就不能存在呢？家人的型態應該比現在更多元彈性才對。「生活伴侶法」已經朝我們跨近一步，同時，以法國或德國等國的民事結合[15]為榜樣，制定非婚姻關係也能保護、撫養彼此的法律，目前也有非常多討論。

自行選擇法定監護人兼共享命運的人生伴侶，應該保障所有人都能享有這樣的權利。就算不是由一名女性和一名男性組成的異性戀情侶，沒有愛情或性方面的關係，或者也不見得要兩兩成雙，都可以和我選擇的人建立法定監護關係，進入獲得國家福利優惠的範圍內，而且任何人都能成為「正常」的家庭。

我相信在這樣的社會中，女性能擺脫父權制的婚姻制度，享受更自由安全的人生。

15 同性之「民事結合」享有近似異性「婚姻」之法律權益，但無「婚姻」之名。

結語

父權制是愛的反義詞

結婚大約兩個月後吧，我忽然翻開筆記本，一股腦把公婆在這段時間內所說的話抄下來，心情就像是把塞在胸口的火球全吐在紙張上一樣。

我抄寫的那些話都是一般媳婦會受到的待遇。我也認為自己對老公可以暢所欲言，得到最大的體諒，對婆家也盡最大努力表達我的意思。儘管如此，我依然需要說更多，也需要獲得更深的理解。明確告知媳婦的位置在哪裡的日常話語，正腐蝕著我的靈魂。

原本以為數量過多，擔心沒辦法全部記下的那些火球，沒想到只寫了兩頁就寫完了。在我一字不漏地連同一句微不足道的話都記下來的同時，心情也跟著輕盈許多。

當我和其他人見面，正要說起婚姻制度對女性施加的壓迫時，對方就會像是早就了然於心似的，露出見怪不怪的表情堵住我要說的話。「這些大家都知道嘛」、「以前都說過了」，正如他們所說，關於婚姻制度的問題「以前都說過了」、「大家都知道」，但為什麼一點改變都沒有呢？為什麼我會像是初次碰到般驚慌失措？批判婚姻制度，難道只是在重複先前的討論，無法推陳出新了嗎？

當時結婚還不到一年，我認為自己是還沒適應。雖然是以家人之名把彼此綁在一起，實際上卻是和完全不認識的他人互相磨合，這也在所難免。但就算衝擊不如剛開始的一、兩個月，類似衝突卻只是換湯不換藥，一再發生，而和我一起度過適應期的人之中，不知為何，我每次都會成為最苦惱的那一個。就算再怎麼透過老公迂迴轉達，婆家不合理的期待仍不偏不倚地衝我而來，我體內的火球雖然沒有繼續擴大，密度卻逐漸提高了。

這是我人生第一次正式寫成文章，不只是如嘔吐般在兩頁筆記本上隨意塗寫。我帶著不寫就會爆發，如果不把這凝聚的火球轉換成精準的文字，那滾燙的溫度就會吞噬我的心情開始寫作。這本書就是這麼開始的。

在網路上發表一篇文章後，我獲得不少共鳴與支持，也受到不少抨擊。我不時想起留言中有人說：「文章標題應該改成『控告我的公婆』，而不是『控告婚姻』

吧？」怎麼會這麼完美地誤解我的文章呢？雖然不完全是因為那則留言，但我想更大聲說出：「這是我的經歷，也是所有已婚女性在本質上面臨的問題，只不過方式或強度有所差異罷了。」

不是不幸的人才會碰到這些情況，也不是因為女性愚昧、身為壞女人或沒有付出努力。我想要探索折磨我的婚姻制度的屬性，逐一指出結構的問題、受到結構影響的個人所犯下的錯。我想高聲吶喊，那些不被當一回事、被漫不經心拋到腦後的一切，都是一種強烈的歧視。

婚前的我一派樂天，認為只要好好做就行了，沒有想認真檢視它。儘管過去接觸到已婚女性經歷的各種咋舌案例，我卻認為這不適用在我身上。我不知哪來的自信，認為自己不會選擇那樣的老公，也不會遇到那樣的婆家。在我碰上無法控制的龐大父權制後才明白，父權制是從一開始就預留給媳婦的痛苦。我期待所有人都能在充分理解後做出選擇，也希望這會是摧毀結構的開始，繼續書寫下去。

我坐在床上，靜靜看著老公的臉，突然感到一陣悲傷。我這麼愛這個人，隨時都想送上無數個親吻，但只要想到我們以丈夫與妻子、以媳婦與女婿之名所面臨的另一個截然不同的世界，就會百感交集。

收錄在短篇小說集《致賢南哥》中的〈你的和平〉是由崔恩榮作家所作，她在作者的話中引用了美國女性主義者貝爾．胡克斯[16]的話：「父權制是愛的反義詞。」她又說，越是服從父權制，人就越容易失去相愛的力量。走入婚姻的理由很多，其中心少不了想和這個人廝守的心，想在一天結束時卸下肩上的包袱，和他一起休息的心。為了能不顧一切地去愛這個人，我需要其他有別於父權制的東西，同時思考在彼此手牽著手前進的人生道路上，任何人都不會遭受壓制的方式。

我懇切地盼望在這個世界上，女性不再是以媳婦或妻子的身分，而全然是以自己的姿態存在，並且只要有能夠共同經營生活的「伴侶」和這個角色就足夠，也企盼著女性不再從屬於誰，而是以一個獨立個體得到尊重，更自由地活、更自由地愛。

16 bell hooks，當代女性主義者代表人物之一。其筆名來自她的祖母，並使用全小寫名字，除了區分祖母與自己，也是希望人們能夠把注意力放在作品、而非是個人身上。

控告婚姻：妻子的起訴書／四月天（사월날씨） 著. 簡郁璇 譯. -- 初版. – 臺北市：時報文化，2022.03；面 ；14.8╳21 公分. --（VIEW：114）
譯自：결혼 고발
ISBN 978-626-335-016-8（平裝）

1.婚姻 2.女性

544.3 111001242

ISBN 978-626-335-016-8
Printed in Taiwan.

VIEW 114

控告婚姻：妻子的起訴書
결혼 고발

作者 四月天｜**譯者** 簡郁璇｜**主編** 陳信宏｜**副主編** 尹蘊雯｜**執行企畫** 吳美瑤｜**封面設計** Bianco Tsai｜**編輯總監** 蘇清霖｜**董事長** 趙政岷｜**出版者** 時報文化出版企業股份有限公司 108019 臺北市和平西路三段240 號 3 樓 發行專線—(02)2306-6842 讀者服務專線—0800-231-705・(02)2304-7103 讀者服務傳真—(02)2304-6858 郵撥—19344724 時報文化出版公司 信箱—10899臺北華江橋郵局第99信箱 時報悅讀網—www.readingtimes.com.tw 電子郵件信箱—newlife@readingtimes.com.tw 時報出版愛讀者—www.facebook.com/readingtimes.2｜**法律顧問** 理律法律事務所 陳長文律師、李念祖律師｜**印刷** 勁達印刷有限公司｜**初版一刷** 2022年 3 月18日｜**初版二刷** 2022年 6 月15 日｜**定價** 新臺幣 320 元｜（缺頁或破損的書，請寄回更換）

時報文化出版公司成立於1975年，1999年股票上櫃公開發行，2008年脫離中時集團非屬旺中，以「尊重智慧與創意的文化事業」為信念。